COUPE ACADÉMIQUE

OU

MANUEL DU TAILLEUR

COUPE ACADÉMIQUE

OU

MANUEL DU TAILLEUR

POUR GRANDE PIÈCE ET GILET

MÉTHODE SIMPLE, CERTAINE

ET A LA PORTÉE DE TOUS

OPÉRANT AU MOYEN DES MESURAGES ET N'EXIGEANT L'ACHAT D'AUCUN INSTRUMENT

Par Jhim TROCHU

TAILLEUR A RENNES (ILLE-ET-VILAINE)

Pour juger il faut connaître

RENNES

A. LEROY, IMPRIMEUR DE LA MAIRIE

Rue Louis-Philippe, 1

1862

AVANT-PROPOS

On demandait à un rhéteur quelle était la première qualité que devait posséder un orateur : la *prononciation*, répondit-il ; et la deuxième ? — la *prononciation* ; et la troisième ? — la *prononciation*.

On peut dire des *mesures* que doit prendre un tailleur ce que le rhéteur disait de la prononciation : *de bonnes mesures* ; en effet, voilà la partie essentielle sans laquelle on ne peut être sûr de rien.

Nous ajouterons qu'il faut encore un moyen simple d'employer ces mesures, c'est-à-dire de les appliquer au tracé des patrons.

Tels sont les deux principes fondamentaux de notre méthode.

Venu le dernier, nous n'avons pas la prétention de tout faire mieux que nos devanciers; mais, sous certains rapports et pour l'ensemble, nous croyons faire une publication très-utile; sans cette conviction, nous eussions jeté ces feuilles au feu. Quiconque aura étudié et essayé notre méthode sera de notre avis, nous en avons la ferme espérance.

Comment! diront quelques-uns, en quelques pages et avec un petit nombre de figures, avec un tout petit livre qui ne coûte pas très-cher, on prétend nous enseigner ce que d'autres n'ont pu faire avec plusieurs gros volumes contenant d'innombrables figures? Précisément, c'est parce que notre méthode peut être expliquée en peu de mots qu'on pourra l'apprendre; il suffit qu'elle soit bonne : *prenez et jugez.*

DE LA PROFESSION DE TAILLEUR.

Dans la profession de tailleur, on peut distinguer deux parties : *la partie artistique* et *le métier.*

La partie artistique a quelques rapports avec l'art du statuaire et comprend : 1° l'étude anatomique du corps de l'homme et de ses mouvements; 2° la recherche de la coupe des différentes pièces qui réunies feront un vêtement *(coupe qui varie avec la mode)*; 3° le mesurage des différentes parties du corps de l'homme, nécessaire pour établir ces coupes avec certitude de bien faire, et l'application de ces mesures au tracé.

Le métier est la partie de l'ouvrier qui assemble les pièces avec une perfection plus ou moins grande, et selon les méthodes reconnues les meilleures.

Le maître tailleur et, dans les grands établissements, le coupeur, doivent connaître à fond ces deux parties.

Un bon ouvrier tailleur doit connaître à fond le métier, et connaître passablement la partie artistique ou la coupe, afin qu'un accord parfait existe toujours entre son travail et le but que se sont proposé le coupeur et le maître.

Un ouvrier ordinaire qui ne connait que le métier a besoin d'être surveillé; c'est un ouvrier incomplet : son travail, parfaitement exécuté en apparence, aura quelquefois altéré le travail du coupeur.

La partie du métier est généralement bien connue; malheureusement il n'en est pas de même de la partie artistique, de la coupe enfin.

Plusieurs publications importantes ont été faites pour fixer les principes de mesurage et de coupe, aucune n'a réussi; et la preuve, c'est que les sociétés de tailleurs de Paris font un appel aux praticiens intelligents de tous les points de la France, pour obtenir quelques idées sur les principes de coupe où elles puiseraient librement pour en former un ensemble complet et satisfaisant. On n'a rien établi encore qu'une critique plus parfaite des méthodes publiées jusqu'à ce jour.

Dirons-nous que ces méthodes sont tout à fait mauvaises? Nous ne le pourrions sans mentir. A part même les idées générales, bonnes pour éclairer sur les difficultés du métier, elles ont encore d'autres mérites; certes, quand des hommes consciencieux ont travaillé pendant vingt ou trente années pour établir une méthode de coupe, on peut admettre qu'ils savent quelque chose; mais que ce quelque chose ait besoin de quelques huit cents pages, et de quatre à cinq cents figures pour être démontré, c'est triste à dire, car, qui apprendra ces huit cents pages et étudiera ces innombrables figures? Pas un ouvrier sur cent; et même celui-là pourra-t-il marcher ensuite d'un pas sûr et sans aucune crainte? La réponse malheureusement est négative.

Aussi, le nombre des bons coupeurs est-il très-petit, et, chose remarquable: les meilleurs n'ont pas de méthode; ils sont nés artistes, ils coupent d'inspiration; leur savoir mourra avec eux.

A côté de ces hommes si bien doués, combien d'autres qui sont renommés, qui ont à leur disposition ces ouvrages si complets et qui réussisent si rarement du premier coup, qu'il faut souvent dans un atelier un quart des ouvriers pour retoucher les travaux mal faits.

Il est donc malheureusement vrai qu'il n'y a pas de principes certains pour la mesure et la coupe des vêtements, et qu'après avoir appris le métier, un ouvrier intelligent pourra dépenser de 100 à 200 fr. en leçons de coupe, et n'être guère plus avancé, à moins qu'il ne soit dans la catégorie de ces artistes-nés dont nous parlions tout à l'heure.

Les faits sont là ; les tailleurs qui ont appris la coupe, soit avec des professeurs, soit avec des ouvrages, tout en reconnaissant le mérite de quelques-uns, disent qu'ils ont besoin d'une longue étude pour comprendre ces publications, et, en réalité, c'est pour eux un guide incertain dans beaucoup de cas, insuffisant dans tous.

Nous avions toujours pensé que des méthodes si étendues, si longues à apprendre, si coûteuses à acheter, ne pouvaient servir qu'à un très-petit nombre; mais quand nous avons vu combien elles étaient incertaines quant aux résultats reconnus par tout le monde, nous avons pensé qu'il y avait autre chose à faire.

Nous l'avons dit plus haut : il ne suffit pas que le coupeur soit habile; si les ouvriers qui assembleront la pièce coupée n'ont aucune connaissance de l'art du coupeur, ils peuvent gâter son travail.

Une bonne méthode de coupe sera donc celle qui sera accessible à tous, et qui pourra être apprise en entier par tous.

Très-faible dépense d'argent et intelligence ordinaire, voilà les seules conditions qu'elle doit exiger. Que de plus elle soit générale et puisse servir quelle que soit la conformation de la personne que l'on doit habiller, et elle remplira toutes les conditions désirables.

Nous n'avons pas travaillé trente années pour trouver une méthode qui réponde à ce programme; mais, depuis quinze ans que nous sommes établi, nous n'avons jamais opéré sans chercher à nous rendre compte des difficultés de la profession; nous avions appris, d'un bon professeur de Paris, une coupe géométrique; nous nous sommes aperçu au bout de peu de temps que ces principes nous donnaient une fausse sécurité; nous recherchâmes alors avec ardeur si les autres méthodes publiées seraient pour nous des guides plus sûrs; les remarques que nous fîmes alors, et qu'il serait trop long de consigner ici *(ceux qui suivent les méthodes publiées les connaissent sans doute aussi bien que nous)*, nous firent sentir le besoin d'agir de nous-même et par d'autres principes.

Nous avons alors étudié le dessin académique et l'anatomie du corps de l'homme, ainsi que le jeu de ses muscles et ses principaux mouvements; et, nous étant mis à l'œuvre pour trouver une coupe simple et sûre, *nous eûmes le bonheur* de rencontrer juste; car, depuis, il ne nous est pas arrivé de rencontrer les difficultés que nous éprouvions autrefois.

Nous sommes donc heureux de pouvoir offrir à nos confrères, et surtout aux jeunes gens qui veulent s'établir, un guide certain, qui les mettra à l'abri des graves inconvénients résultant de pièces manquées en totalité ou en partie, et par conséquent établira leur réputation.

COUPE ACADÉMIQUE

PREMIÈRE PARTIE

DES MESURAGES

En lisant les ouvrages publiés sur la coupe des vêtements, nous avons toujours été surpris de voir combien est négligée cette partie essentielle qui traite des mesurages. Beaucoup de praticiens, inspirés par ces mêmes ouvrages, la négligent également ; et cependant, nous l'avons dit et on doit le reconnaître, c'est la première base d'une bonne confection.

Nous n'en donnerons qu'un exemple : on sait généralement que c'est la grosseur de la personne, prise sous les bras, qui est le début des autres mesures, et la principale dans tous les systèmes de mesurages; eh bien! comment doit-on prendre cette mesure? Beaucoup n'en parlent pas; d'autres disent qu'il faut mettre la main entre le ruban et la personne, dans la crainte de prendre trop juste; d'autres qu'il faut prendre cette mesure juste, et, en coupant, laisser tant de centimètres en plus pour le dilatement de la poitrine, les coutures et les garnitures de la pièce (*mais quelle quantité de garnitures*), et, dans tous les cas, qu'il faut la prendre juste sans que la personne se grossisse; mais quand saura-t-on que cette dernière condition est remplie? Le contraire, à notre avis, est beaucoup plus sûr. Dans une marche un peu vive, l'aspiration est plus forte, la poitrine est dilatée, et l'habit, qui devrait être plus large pour faciliter le mouvement, se trouve au contraire trop étroit. *Nous avons donc la précaution de recommander à nos clients d'aspirer fortement, et c'est la grosseur qu'ils nous donnent ainsi, mesurée exac-*

tement, que nous croyons la bonne. En effet, pour mesurer la plus faible, lorsque le client respire, il faudrait serrer le ruban avec une telle intensité qu'il ne pourrait doner qu'une mesure faussée. Quant à la mesure intermédiaire, elle varie trop pour pouvoir servir.

Nous recommandons, par conséquent, la mesure exacte de la plus grande grosseur.

Il faut dire aussi qu'un des motifs qui ont empêché de fixer des mesures justes, c'est l'emploi immodéré de garnitures plus ou moins considérables : une toile, et même deux, du tricot et de la ouate ; et cela, dérivant souvent de coupes vicieuses qui ont certainement créé des difficultés au lieu de les détruire.

Ainsi, il y a des coupes avec lesquelles il faut faire un crochet au haut du petit côté, à l'emmanchure; et comme on sait que, si on le coupe, il faudra ragrandir l'emmanchure en rétrécissant la poitrine, on aime mieux mettre de la ouate.

Nous trouvons qu'une pièce légère est

meilleure pour l'ouvrier qui peut faire un ouvrage plus net, et pour le client sur lequel elle se déformera moins vite.

Il vaut beaucoup mieux demander plus de perfection dans le montage et l'unissage d'une pièce, que de faire perdre du temps à charger l'ouvrage par un travail qui n'est nullement apprécié par le client.

Je dis donc qu'on ne doit mettre qu'une toile dans une pièce , et que, pour les draps à habit, on ne saurait la choisir trop mince (1).

Quand un client demande une pièce ouatée, on la lui fait et vend en conséquence ; mais s'il ne la demande pas ouatée, pourquoi la garnir ainsi et doubler presque son poids ?

Je réponds que cela tient plus au mauvais

(1) J'espère bien qu'un jour on ne verra pour toute garniture qu'une seule étoffe qui, étant fabriquée comme je le comprends, serait très-légère et ferait qu'une pièce se déformerait bien moins vite qu'étant garnie avec de la toile.

système de coupe qu'à la conformation du client.

Disons de suite qu'avant de prendre mesure, le tailleur doit considérer quelle est l'attitude ordinaire de son client et faire en sorte d'obtenir de lui qu'il conserve cette attitude pendant le mesurage, au lieu de se redresser comme beaucoup le font ordinairement.

TABLEAU A.

1	2	3	4	5	6	7	8
N° D'ORDRE.	GROSSEUR TOTALE.	DEMI-GROSSEUR.	Demi-grosseur, plus 4 c.	DEMI-ENCOLURE.	DIAMÈTRE D'EMMANCHURE.	CIRCONFÉRENCE D'EMMANCHURE.	LES 2/3 DU DIAMÈTRE D'EMMANCHURE.
c.	c.	c.	c.	c.	c.	c.	c.m
1	56	28	32	16	8	25	5.3
2	58	29	33	16 1/2	8 1/4	25 3/4	5.5
3	60	30	34	17	8 1/2	26 2/3	5.6
4	62	31	35	17 1/2	8 3/4	27 1/2	5.8
5	64	32	36	18	9	28 1/4	6.»
6	66	33	37	18 1/2	9 1/4	29	6.1
7	68	34	38	19	9 1/2	29 3/4	6.3
8	70	35	39	19 1/2	9 3/4	30 1/2	6.5
9	72	36	40	20	10	31 1/3	6.6
10	74	37	41	20 1/2	10 1/4	32	6.8
11	76	38	42	21	10 1/2	33	7.»
12	78	39	43	21 1/2	10 3/4	33 3/4	7.1
13	80	40	44	22	11	34 1/2	7.3
14	82	41	45	22 1/2	11 1/4	35 1/3	7.5
15	84	42	46	23	11 1/2	36	7.6
16	86	43	47	23 1/2	11 3/4	36 3/4	7.8
17	88	44	48	24	12	37 2/3	8.»
18	90	45	49	24 1/2	12 1/4	38 1/2	8.1
19	92	46	50	25	12 1/2	39 1/4	8.3
20	94	47	51	25 1/2	12 3/4	40	8.5

TABLEAU A (*Suite*).

1	2	3	4	5	6	7	8
N° D'ORDRE.	GROSSEUR TOTALE.	DEMI-GROSSEUR.	Demi-grosseur, plus 4 c.	DEMI-ENCOLURE.	DIAMÈTRE D'EMMANCHURE.	CIRCONFÉRENCE D'EMMANCHURE.	LES 2/3 DU DIAMÈTRE D'EMMANCHURE.
c.	c.	c.	c.	c.	c.	c.	c.m
21	96	48	52	26	13	40 3/4	8.6
22	98	49	53	26 1/2	13 1/4	41 1/2	8.8
23	100	50	54	27	13 1/2	42 1/3	9.»
24	102	51	55	27 1/2	13 3/4	43	9.1
25	104	52	56	28	14	44	9.3
26	106	53	57	28 1/2	14 1/4	44 3/4	9.5
27	108	54	58	29	14 1/2	45 1/2	9.6
28	110	55	59	29 1/2	14 3/4	46 1/3	9.8
29	112	56	60	30	15	47	10.»
30	114	57	61	30 1/2	15 1/4	47 3/4	10.1
31	116	58	62	31	15 1/2	48 2/3	10.3
32	118	59	63	31 1/2	15 3/4	49 1/2	10.5
33	120	60	64	32	16	50 1/4	10.6
34	122	61	65	32 1/2	16 1/4	51	10.8
35	124	62	66	33	16 1/2	51 3/4	11.»
36	126	63	67	33 1/2	16 3/4	52 1/2	11.1
37	128	64	68	34	17	53 1/3	11.3
38	130	65	69	34 1/2	17 1/4	54	11.5
39	132	66	70	35	17 1/2	55	11.6
40	134	67	71	35 1/2	17 3/4	55 3/4	11.8

Ce tableau donne, toutes calculées, les mesures qui se déduisent de la grosseur du corps, mesuré sous les bras ; il épargnera la peine de faire les calculs et pourra faire éviter des erreurs.

La lecture de ce tableau pourrait donner à penser que nous revenons aux méthodes de coupes géométriques avec échelles de proportion ; il n'en est rien ; nous admettons qu'il y a proportion dans tous les individus (*non difformes*), pour certaines parties du corps ; mais, pour les autres mesures, elles ne peuvent être données que par un mesurage direct fait sur l'individu ; et, si nous disons que dix hommes qui ont même grosseur ont tous les dix la même circonférence d'emmanchure, il ne faut pas en conclure que nous disons que toutes les mesures prises sur ces dix hommes seront les mêmes.

Ce tableau est composé de huit colonnes ; les nombres qu'elles renferment font connaître en centimètres la grandeur des mesures dont le nom est en tête, excepté la première colonne, qui donne le numéro d'ordre, et qui peut servir à classer les patrons; par exemple : si l'on a dix clients qui aient 96 centimètres de grosseur, on peut les mettre avec les noms sous le nº d'ordre 21, qui correspond à la grosseur 96 centimètres, et de même pour les autres.

La deuxième colonne donne la grosseur totale prise sous les bras, au numéro d'ordre 21 ; elle est de 96 centimètres.

La troisième colonne est la demi-grosseur, ou 48 centimètres.

La quatrième donne la même que la précédente, plus 4 centimètres pour les coutures, ou.................... 52 cent.

La cinquième donne la demi-encolure, moitié de la précédente, · 26

La sixième donne la moitié de

la précédente ; c'est le diamètre d'emmanchure................ 13 cent.

La septième donne la circonférence d'emmanchure; le diamètre étant 13, elle est de............ 40 3/4

La huitième donne les deux tiers du diamètre d'emmanchure, ou......................... 8c 6m

Cette dernière colonne sert pour le tracé du dessous de manche.

Pratique des mesurages. — Académies avec leurs mesures (pl. 1 et 2).

Pour prendre mesure (1), je commence à marquer un coup de craie horizontal au pli de la hanche en A (pl. 3, fig. 3); ensuite, à l'œil, ou plutôt au fil à plomb que je mets sous le bras au milieu de l'emmanchure, je marque un autre coup de craie perpendiculaire sur le premier; si le client a pris sa position habituelle, ces deux coups de craie établissent son aplomb et

(1) La mesure d'un habit ou d'une redingote se prend par dessus le gilet; pour un par-dessus, il est bon que le client soit couvert de son habit ou de sa redingote; cela vaut mieux que d'augmenter les mesures d'un patron d'habit ou de redingote pour établir celui du par-dessus; les patrons ainsi augmentés suffiraient peut-être pour les grosseurs et largeurs, mais pourraient très-bien tromper pour les longueurs d'encolure, d'épaulette, etc.

donnent le point de départ pour les autres mesures.

Pour que le client ait sa position habituelle, il faut éviter de lui faire aucune recommandation pour sa tenue, sinon il se redressera davantage, et il sera très-difficile d'avoir des mesures exactes.

Il vaut mieux étudier sa pose ordinaire; et, s'il se redresse lorsque vous lui prendrez mesure, tâchez d'obtenir de lui qu'il reprenne sa position habituelle.

Les mesures sont au nombre de vingt, et, en majeure partie, elles se servent réciproquement de vérification ; j'emploie pour les inscrire un tableau semblable au tableau C, donné ci-dessous, mais plus grand, afin d'écrire plus facilement les nombres; de cette manière, aucune distraction ne peut me faire oublier une mesure.

TABLEAU B.

10 MAI 1862.

M. JOSEPH, PLACE DE LA PAIX, 3.

pour être livré le 25 mai.

1	Grosseur	96		
2	Poitrine	41 1/2	40 1/2	
3	Carrure	38 1/2	37 1/2	
4	Dessous de bras	23 1/2		
5	Cambrure	17		
6	Ceinture	82		
7	Omoplate	49		
8	Devant	55		
9	Hauteur d'emmanchure	67		
10	Encolure	43		
11	Epaulette	79		
12	Creux d'épaule	87		
13	Longueur de coude	50		
14	Id. de manche	80		
15	Grosseur de coude	29		
16	Id. de poignet	18		
17	Longueur totale	92	97	100
18	Hauteur du pied-de-collet	03		
19	Longueur de gilet	130		
20	Hauteur de boutons	70	92	

Extrait du tableau A, pour la grosseur 96 c.

Nº d'ordre.	Grosseur.	Demi-grosseur.	DEMI-GROSSEUR PLUS 4 C.	Demi-encolure.	Diamètre d'emmanchure.	Circonférence d'emmanchure.	2/3 du diamètre d'emmanchure.	15 20 3/4 19 1/4 33
21	96	48	52	26	15 20 1/4 18 3/4 52	40 3/4	8 6m	

TABLEAU C.

M.

pour être livré le

1	Grosseur..................			
2	Poitrine			
3	Carrure			
4	Dessous de bras........			
5	Cambrure................			
6	Ceinture................			
7	Omoplate................			
8	Devant...................			
9	Hauteur d'emmanchure ..			
10	Encolure................			
11	Epaulette...			
12	Creux d'épaule..........			
13	Longueur de coude......			
14	Id. de manche......			
15	Grosseur de coude......			
16	Id. de poignet......			
17	Longueur totale....... .			
18	Hauteur du pied-de-collet.			
19	Longueur de gilet.......			
20	Hauteur de boutons.....			

Extrait du tableau A, pour la grosseur

N° d'ordre.	Grosseur.	Demi-grosseur.	DEMI-GROSSEUR PLUS 4 C.	Demi-encolure.	Diamètre d'emmanchure.	Circonférence d'emmanchure.	2/3 du diamètre d'emmanchure.

Le tableau B représente une feuille détachée d'un cahier de mesures, sur laquelle on a écrit les mesures prises et celles tirées du tableau A correspondant à la grosseur trouvée; avant d'être rempli, ce tableau est semblable au tableau C.

Ces tableaux, sur papier fort et avec des dimensions doubles, se vendent, avec l'ouvrage ou séparément, à raison de 75 c. le cahier de 24 feuilles.

Je me suis servi des mesures écrites sur le tableau B pour exécuter le tracé des figures.

PREMIÈRE MESURE :

Grosseur, 96 centimètres.

Grosseur totale prise sous les bras, comme nous l'avons dit.

DEUXIÈME MESURE :

Poitrine, 41 centimètres 1/2.

Largeur de poitrine mesurée dans les mêmes conditions que la première, d'un bras à l'autre bras.

TROISIÈME MESURE :

Carrure, 38 centimètres 1/2.

Largeur de carrure prise comme la précédente.

QUATRIÈME MESURE :

Dessous de bras, 23 centimètres 1/2.

Mesure qui part du milieu du dessous du bras et descend verticalement sur la hanche jusqu'à l'horizontale A, en O; cette mesure est très-essentielle comme point de départ pour les autres mesures; elle occupe la position du fil à plomb, comme nous l'avons dit précédemment.

CINQUIÈME MESURE :

Cambrure, 17 centimètres.

Mesure qui va du point O au milieu du dos.

SIXIÈME MESURE :

Ceinture, 82 centimètres.

On prend cette mesure exacte, elle sert pour le tracé; on écrit à côté une mesure plus forte si la personne désire être plus à l'aise, et l'on s'en sert comme nous le verrons plus loin.

SEPTIÈME MESURE :

Omoplate, 49 centimètres.

Mesure qui part du haut du dos au pied-de-collet, et va au point O à la hanche.

Il est quelquefois difficile de connaître la position du haut du dos ; cela se voit sur beaucoup de vêtements qui pèchent en ce point ; quelle perte sur ceux qu'on aurait coupés trop bas ! Le moyen le plus sûr pour le déterminer est de mettre le ruban sur le cou de la personne et de laisser retomber les bouts par devant ; le poids du ruban lui fera occuper derrière la véritable position du point cherché ; on donne alors un coup de craie pour le bien marquer.

HUITIÈME MESURE :

Devant, 55 centimètres.

Mesure qui part du haut du dos, passe au

plus court devant l'emmanchure, et vient à la hanche au point O.

NEUVIÈME MESURE :

Hauteur d'emmanchure, 67 centimètres.

Mesure qui part du haut du dos pour y retourner en passant juste sous le bras.

DIXIÈME MESURE :

Encolure, 43 centimètres.

Cette mesure part du point F au milieu de la poitrine, et va à la hanche au point O.

On obtient le point F en développant la demi-encolure, 26 c., depuis le haut du dos jusque devant en F; nous verrons plus loin, page 46, comment on obtient des encolures plus hautes.

ONZIÈME MESURE.

Epaulette, 79 centimètres.

Elle part du point O, passe par devant sur le bout d'épaulette et revient par derrière au même point O.

REMARQUE. *La couture de manche de l'habit du client n'est pas toujours au même point ; on mesurera sur la couture dans les cas seulement où elle ne fournit pas à l'épaulette et où celle-ci ne fournit pas à la manche.*

DOUZIÈME MESURE.

Creux d'épaule, 87 centimètres.

Point de départ et d'arrivée comme la précédente, en passant au milieu de l'épaule.

TREIZIÈME MESURE.

Longueur de coude, 50 centimètres.

Elle part du milieu du dos, à la hauteur de carrure, pour aller au coude, la personne tenant le bras plié et à la hauteur de poitrine ; cette mesure a 50 c., y compris la largeur de carrure qui sera déduite en dessinant la manche.

QUATORZIÈME MESURE.

Longueur de manche, 80 centimètres.

Cette mesure se prend en continuant la

précédente jusqu'au poignet, selon la mode ou le goût de la personne.

QUINZIÈME MESURE :

Grosseur de coude, 29 centimètres.

Selon la proportion de la personne, son goût ou la mode.

SEIZIÈME MESURE :

Grosseur de poignet, 18 centimètres.

Selon la proportion de la personne, son goût ou la mode.

DIX-SEPTIÈME MESURE :

Longueur totale, 92 et 97 centimètres.

Selon le goût de la personne et la forme du vêtement, depuis le pied-de-collet et verticalement; *nous avons mis 97 c. pour notre tracé d'habit et 92 c. pour la redingote; nous aurions mis 100 c. pour un par-dessus.*

DIX-HUITIÈME MESURE :

Hauteur du pied-de-collet, 3 centimètres.

Selon la mode et la longueur du cou de la personne.

DIX-NEUVIÈME MESURE :

Longueur de gilet, 130 centimètres.

Elle part du pied-de-collet et va au bas du gilet ; d'ailleurs, selon la mode et le goût de la personne.

VINGTIÈME MESURE :

Hauteur de boutons, 70 et 92 centimètres.

A partir du pied-de-collet, 70 c. pour gilet à châle boutonnant haut; 92 c. pour gilet droit ou à châle boutonnant bas, selon la mode et le goût. Mesures différentes pour renversement de gilet à la Chevalière ou gilet à la Louis XV dit gilet de chasse.

On peut remarquer au-dessous des vingt mesures qu'on a inscrites dans le haut du tableau, une série de nombres encadrés commençant par 24; c'est le n° d'ordre sur le tableau A, correspondant à notre première mesure 96 c., et les nombres qui suivent sont précisément tirés du tableau A, à ce numéro d'ordre; on voit par les titres écrits au-dessus ce qu'ils signifient. La circonférence d'emmanchure, 40 3/4, se déduit de son diamètre 13, en la multipliant par 3, 14 et de même pour tous les autres; le nombre 8c 6m n'est autre chose que les deux tiers du diamètre d'emmanchure 13. Ce nombre 8c 6m nous servira à tracer le haut du dessous de manche; mais, avant d'aller plus loin, il est utile de dire à quoi se proportionne l'emmanchure.

L'emmanchure est une partie importante d'un vêtement; voyons donc quelles doivent être ses dimensions.

Je crois pouvoir dire qu'une emmanchure est une circonférence, laquelle est connue quand on connaît son diamètre; et, à moins de difformité, ce diamètre est le quart de la demi-grosseur augmentée de 4 c.; soit, dans le cas où nous sommes, le quart de 52 c. ou

13 c.; sur la demi-grosseur, il reste donc 39 c. qui se répartiront entre la largeur de poitrine et celle de carrure, selon les mesures prises.

Nous voyons sur le tableau B, et au bas de la feuille, à droite, une addition des nombres 13, 20 3/4, 19 1/4; le premier est le diamètre d'emmanchure comme nous venons de le voir; le 2e est la demi-largeur de poitrine, et le 3e la demi-largeur de carrure, telles qu'on les a mesurées; la somme est 53 c., elle dépasse de 1 c. le chiffre de la demi-grosseur augmentée de 4 c.; c'est pourquoi, ayant mis le même soin à mesurer la largeur de poitrine et celle de carrure, je retranche à chacune de leur moitié 1/2 c. et j'ai les nombres écrits au-dessous du nombre 13 du tableau. J'ai bien alors exactement pour total le nombre 52 c.; je rectifie en conséquence les 2e et 3e mesures dans le tableau supérieur, en les écrivant à la même hauteur en dehors du cadre.

Si, après avoir fait la première addition, je

trouve moins de 52 c. au lieu de trouver plus, j'augmente ces deux mesures de la demi-différence au lieu de les diminuer comme j'ai fait.

Cette feuille étant ainsi remplie, rien ne nous manquera pour faire le tracé du patron; nous n'aurons pas à craindre qu'un dérangement, une distraction quelconque nous fasse oublier une mesure.

Toutefois, il est évident que, si une personne est contrefaite, il pourra être nécessaire de lui prendre mesure des deux côtés sur deux feuilles distinctes, et qu'il faudra faire deux tracés comme celui que nous allons faire connaître.

DEUXIÈME PARTIE.

TRACÉ DES PATRONS.

La figure 3 de la planche 3 nous montre la position des mesures déjà indiquées sur les académies.

Pl. 3, fig. 4. — Je déploie la demi-grosseur augmentée de 4 c. sur une ligne horizontale A C, longue alors de 52 cent.; la verticale C L est la couture du dos; je trace aussi la verticale A B. De A à D, largeur de poitrine, 20 c. 1/4 (2e mesure) *(je dis 2e mesure, bien que ce soit la moitié de cette 2e mesure, et de même pour celles analogues)*; de C à E, largeur de carrure, 18 c. 3/4, 3e mesure).

La distance D E est donc de 13 cent., diamètre d'emmanchure. *Nous disons diamètre d'emmanchure, bien que l'emmanchure développée ne forme pas une circonférence, ainsi que le montre la fig. 3 en* a b c; *nous voulons dire par là que le contour de l'emmanchure équivaut à la longueur développée d'une circonférence dont le diamètre serait* D E; sur le milieu *d* de D E je trace une verticale indéfinie *d f*, sur laquelle je porte de *d* en *r* la 4e mesure 23 c. 1/2 et 1/2 c. en plus pour les coutures. *g d* égale moitié de D E; *g* est le centre du cercle, *g d* en est le rayon; D H égale E I égale *g d*; le point H fixe la couture du dedans de manche, le point I celle de la couture du coude.

La ligne horizontale *a b*, menée par *r*, est la ligne de ceinture. La 5e mesure a 17 c.; je donne au bas du dos *j b* la largeur que la mode réclame, ce qui me reste sur 17 c. est le petit côté que je place en *t z*, à égale distance du point *r* et du point *j*; en sorte que *t z* plus *j b* fait la 5e mesure, et que *r t* égale *z j*.

Je porte ensuite la moitié de la 6e mesure (*longueur de ceinture*) ou 41 c. sur la ligne de ceinture, en mettant le nombre 17 du ruban sur le point *r*, et je marque le point F (en sorte que *r* F a 24 c. ou 41 moins 17).

Les 5e et 6e mesures, prises exactement, me montrent ce qu'il faut retrancher pour dessiner la taille; si la personne veut une ceinture aisée, je laisse quelque chose en plus devant, comme aussi entre le petit côté et le dos si elle ne veut pas que le vêtement touche à la taille. (*Voyez fig. 7, pl. 5, lignes pointillées*).

Le point K étant placé suivant la mode, plus ou moins loin du point I, je prends avec un compas la distance *j* K et, plaçant successivement la pointe en *j* et en K, je décris deux arcs qui se coupent en M.; ce point M est le centre de l'arc *j* K.

L'arc *j* K coupe l'horizontale A C au point O; le compas ayant la même ouverture que précédemment, je place la pointe en O, puis en *z*, pour décrire les arcs qui se coupent en

P; le point P est le centre de l'arc O *z q*; le point *q* est donné par l'arc *j q* dont le centre est en K; K O *z q* est le petit côté.

Ces courbes, tracées avec le ruban servant de compas, seront très-correctes et toujours les mêmes en proportion des patrons; c'est ainsi que nous comprendrions l'ordonnance dans le militaire; mais nous reviendrons sur ce sujet.

Je descends le devant de F en R d'autant qu'il y a de *z* en *q*, et je trace à la main de R à *r*.

La distance *t s* est pour la couture; de S en L sur la verticale C *b*, c'est la 7e mesure ou 49 cent; mais ici elle doit avoir d'avantage pour tenir compte du vide qui se trouve en *u* entre le dos et le petit côté, ainsi que des coutures.

r v est une distance pour la couture; je place la pointe du compas en *v*, je l'ouvre de 55 cent. *(8e mesure)*, et je décris l'arc X *l*; je marque sur cet arc le point *y* de telle sorte que l'horizontale *n y* soit égale au diamètre d'emmanchure 13 cent.; cette ligne *n y* va nous servir avec la figure suivante pour tracer l'encolure.

Tracé de l'encolure (pl. 4, fig. 5).

n y est donc le diamètre d'emmanchure placé comme nous venons de le dire; j'en marque le milieu *a* et je prends *y l* égale au dixième de *n y*; ce dixième est 13 millimètres. (*Toujours en millimètres le même nombre qu'en centimètres.*)

Je prends avec un compas la grandeur *n y*, et, plaçant la pointe en *l*, je décris un arc E; ensuite, posant la pointe du compas en *n*, je l'ouvre jusqu'en *a* et je décris l'arc *e* qui coupe le précédent au point O; ce point O est le centre de l'arc d'encolure *l* G F *u*. C'est du point *l* au point *l'* que se vérifie la 9e mesure, car la ligne droite *o l c* est la ligne du dos qui est marquée *b* C L sur la fig. 4.

De *l* à F, sur l'arc *l* G F, il y a 26 cent. demi-encolure. (*Tableau A, grosseur 96 c.*;

mais nous avons aussi ce nombre sur le tableau B.)

Du point F à la hanche *v* nous avons 43 cent., 10e mesure, qui vérifie l'extrémité F de l'arc d'encolure.

Le tracé de *l* à G nous donne le haut du dos qui, ici, est égale à *a n* ou demi-diamètre d'emmanchure; pour obtenir le même tracé en G'*l*', je prolonge la ligne du dos D *l*' d'une quantité *l*' O' égale à O *l*, et du point O' comme centre je décris l'arc *l*' G' que je fais égal à l'arc *l* G.

Je mets ensuite la pointe du compas sur le point G' du dos, je l'ouvre jusqu'au point H, et, conservant cette ouverture, je mets la pointe sur le point G de l'encolure du devant et je décris l'arc *f b* qui va me limiter la longueur d'épaulette.

Je développe alors la circonférence d'emmanchure de H en *j* de la manière suivante : D'abord l'arc *i m g* en est la moitié; je retranche H *i* de l'autre moitié et il me reste la valeur de *g h j*; mais cette dernière courbe n'est pas tracée encore, on peut essayer de la tracer et faire le développement dessus; si l'on n'arrive pas juste sur l'arc *f b* on la remonte ou on la descend à la main, en suivant la forme donnée par le dessin. *(La circonférence d'emmanchure dont le diamètre est 13 c. est égale à 13 multiplié par 3, 14 ou 40 3/4; mais le tableau A nous la donne au nº d'ordre 21 pour notre grosseur qui, nous le savons, est 96 c. Nous l'avons d'ailleurs transcrite sur le tableau B, qui est la feuille de nos mesures.)*

Pour dessiner l'épaulette de G à *j*, je cherche sur l'horizontale A D un point K à égale distance des points G et *j*, et du point K comme centre; je décris l'arc G *j* qui est l'épaulette; je trace alors définitivement l'emmanchure, si toutefois les 11e et 12e mesures se trouvent d'accord. Pour m'en assurer, je mesure, en tenant compte des coutures, combien j'ai de centimètres de H à la hanche *t* du petit côté, et de *r* (hanche du devant) à *j*; la somme doit faire la 11e mesure. Si j'ai plus ou moins, c'est que mon emmanchure est trop haute ou trop basse.

La 12e mesure, M *l* plus *v g* X, me donne une autre vérification, moins bonne il est vrai; mais ma 9e mesure a dû m'indiquer si j'ai à relever ou à baisser l'emmanchure. (*A peu de chose près, on doit regarder ces mesures comme justes.*)

Étude de l'Encolure (pl. 4, fig. 5 et 6).

La fig. 6 nous montre l'encolure développée en F *l* F'; son centre est marqué O comme dans la fig. 5, et ce centre est sur la ligne du dos O *l c*.

Comme on le voit, le rayon de l'encolure est moitié de son demi-développement *l* G F (*ici c'est 13 c.*).

Si l'on veut une encolure plus haute, on a mesuré sur le client la hauteur d'encolure, qui alors est plus grande que 43 c.; supposons 45 c.; du point *v* comme centre, avec un rayon de 45 c., on décrit un arc *y z*, sur lequel doit s'arrêter l'extrémité F' de l'encolure dont on a pu mesurer le développement à la hauteur choisie sur le client.

L'encolure que nous avons primitivement tracée, et dont le demi-développement est double du diamètre d'emmanchure, nous a toujours réussi, quelle que soit la tenue de nos clients, droits, voûtés ou renversés; nos 7e et 8e mesures modifiant le tracé naturellement, *sans qu'on ait aucunement à se préoccuper de ces diverses tenues ou conformations, qui sont les pierres d'achoppement des méthodes de coupe. (Voyez fig. 10, pl. 6, partie pointillée.)*

On voit également à l'épaulette R de la fig. 6 ce que l'on a à retrancher au dos, pour que le devant et le dos ne refoulent pas; et à l'épaulette S, comment on peut retirer à l'épaulette du devant pour les personnes maigres qui ont alors l'épaule creuse, ce que l'on a pu remarquer, mais ce qui d'ailleurs est indiqué par la 12e mesure;

on voit encore que dans ce dernier cas on peut tendre cette partie creusée, pour les personnes dont les épaules plus saillantes forment un vide plus prononcé. (*Voyez sur la fig. 6 en i j.*)

Tracé du Collet (pl. 5, fig. 7).

Le tracé du collet est fort simple : on tire une droite A *n*, touchant la courbe d'encolure en A, et on la fait passer par le milieu *x* de l'épaulette (*le haut du dos ayant pour largeur le demi-diamètre d'emmanchure*) ; on développe ensuite la demi-encolure (26 c.) sur la ligne F A *n*, et on y ajoute un dixième du diamètre d'emmanchure (13 millim.), ce qui conduit au point *o* ; ce surplus donne le moyen de mettre un peu d'embue au creux de l'encolure de A en G, et principalement en G. La ligne *o c*, d'équerre sur *o* A, qui limite la longueur du collet, étant tracée, on marque la hauteur du pied de collet *o r* et la largeur *r s* que l'on veut pour tombant. La cassure vient mourir devant en F. On tend les parties pointillées.

Cette manière de couper le collet est parfaite pour boutonner haut; si l'on voulait qu'il entraînât le revers plus ou moins loin, il suffirait de le monter plus court.

Pour relever ce patron, on met un papier dessous et on pique les points nécessaires.

Pour dessiner le devant de collet ainsi que l'anglaise, il vaut mieux suivre la mode indiquée par les journaux que de tenter une innovation qui pourrait ne pas convenir au client.

Les goussets, au petit côté, font voir ce qu'il y a à tendre; celui du bas, surtout, fera qu'une fois tendue la partie un peu ronde du bas du petit côté deviendra droite, pour mieux se monter avec le dos.

(Personne, je crois, ne tend le petit côté du bas; et même, dans la crainte de le tendre, on met un passement dans cette partie et l'on tend de la hanche à aller où l'on voit le suçon sur le devant; cela n'est pas motivé, car

dans la twine on tend le dos et le devant comme je l'indique plus loin, fig. 22, pl. 13, et c'est produire le même effet qu'en tendant le petit côté du bas, comme nous le faisons ; c'est d'une hanche à l'autre, en passant par derrière, qu'un effet demande à être tendu, même dans celui-ci qui ne descend qu'à la hanche.)

Si la personne était plus mince, on ferait un suçon semblable à celui qui est indiqué sur le devant, et l'on conserverait le devant tel qu'il est indiqué sur la fig. 7.

A propos de suçon, nous pouvons faire remarquer que certains praticiens font des suçons sur le devant, qui nécessiteraient des modifications à notre tracé, de manière qu'il conserve toujours ses dimensions essentielles après le travail des suçons.

Si l'on voulait que le vêtement ne touchât pas à la taille, on laisserait en plus la largeur voulue, comme il est indiqué, également sous le bras et au petit côté, pour conserver l'aplomb.

Ceinture forte (pl. 5, fig. 8).

Le plus ordinairement, rien n'est changé pour la 5e mesure (cambrure) chez les hommes gros, qui souvent sont plus cambrés que d'autres; la mesure de cambrure nous la fait connaître exactement. On mesure encore d'une hanche à l'autre par devant; on prend la moitié de cette mesure, qu'on porte de *r* en *o*, par exemple; puis, mettant la pointe du compas sur le bas du dos, en *b*, on décrit l'arc *m o n*; on trace ensuite une droite, qui touche cet arc ainsi que le devant, comme il était tracé primitivement; cela dessine l'anglaise de F à *i*.

On trouve d'ailleurs, parmi les hommes gros, des individus plus forts du ventre; d'autres, qui se serrent davantage, sont plus gros de l'estomac; c'est au praticien à faire une remarque à ce sujet. Ainsi, le centre *b* conviendrait pour une personne qui aurait l'estomac fort plutôt que le ventre; mais le centre de l'arc *m o n* devrait être plus rapproché du devant en *r*, par exemple si la personne avait le ventre plus saillant.

Le petit côté n'est pas coupé droit, ainsi qu'on peut le voir en *e t' t;* il est utile qu'il en soit ainsi pour éviter que le vêtement ne fasse des plis de l'omoplate à la hanche.

t t' est d'équerre sur la ligne de ceinture *a b*, et égale au tiers de la 4e mesure (*d r*), moitié par conséquent de *t' e*. Cette brisure fait que le point *e*, qui était en *d* sur la circonférence d'emmanchure, a dû descendre en *e*, afin que la 4e mesure se retrouve sur la ligne brisée *t t' e*, comme elle est sur la ligne droite *r d*. Plus tard, lorsqu'on tendra le petit côté en *t'*, comme le suçon K de la fig. 7 l'indique, ce qui sera tendu dépassera le point *r* dans le bas.

Voilà donc le tracé terminé; le lecteur, arrivé en ce point, sera aussi habile que nous pour le tracé; il lui aura suffi d'étudier huit figures peu compliquées. Une des causes qui rendent cette manière simple et sûre, c'est de faire à la fois le tracé du devant et du dos, en sorte que le devant et le dos se rapprochent bien et sont toujours d'accord, ce qui n'a pas lieu autrement avec les autres coupes qui font tracer séparément ces deux parties.

Pour se convaincre que notre coupe est rationnelle, que l'on s'imagine un papier coupé suivant l'horizontale *a b* (fig. 7) de la grosseur de dessous les bras, et aussi suivant l'horizontale *e f* de ceinture, et qu'on l'applique à la hauteur voulue sur la personne; pour que le vêtement touche à la taille, on aura nécessairement à faire les suçons B C D; alors il n'est plus question de crochet au haut du petit côté; tout devient très-simple, et chacun peut être convaincu que, si les mesures ont été prises avec soin, sur une personne conservant sa tenue habituelle, il sera inutile d'essayer, et qu'il n'y aura pas de retouches à faire. (*Essayer n'est bon que pour les fautes grossières, les autres ne pouvant se juger sur une pièce seulement bâtie et faufilée.*)

Avant d'étudier le tracé des manches, donnons une construction fort simple, dont nous nous servons pour établir certaines grandeurs en proportion de la grosseur de la personne. Est-il raisonnable, en effet, de donner, par exemple, même largeur à la pièce du dos ou à toute autre partie d'un vêtement, pour deux hommes dont les grosseurs sont presque doubles l'une de l'autre? N'est-ce pas avec des mesures proportionnelles comme celles que nous allons donner, plutôt que par des mesures fixes en centimètres, qu'on devrait établir ces dimensions pour les effets civils et militaires? Poser cette question, c'est la résoudre.

Pl. 6, fig. 9.

Tracez deux lignes parallèles *a b* et *c d*, fig. 9, la première longue de 17 cent., la deuxième ayant 8 c.; divisez-les toutes les deux en douze parties égales, puis joignez les extrémités et les divisions comme il est fait sur la figure; divisez une des lignes extrêmes *a c* en neuf parties égales, et par les points de divisions menez des parallèles à *a b*; la première, marquée 9, a 9 cent.; la deuxième, marquée 10, a 10 cent., et ainsi de suite. Ces lignes sont divisées par celles qui vont dans un autre sens en douze parties égales; si donc l'une d'elles a la même longueur qu'un diamètre d'emmanchure, *e f* par exemple, il nous sera facile d'en avoir un certain nombre de douxièmes; par exemple, 3/12 seront donnés par *e n*, et de même pour tout autre nombre de douzièmes.

Nous avons tracé en lignes fines des parallèles à *a b* qui, avec les premières, donnent, de quart de centimètre en quart de centimètre, tous les diamètres d'emmanchures, depuis 8 jusqu'à 17 cent.

Cette figure se trouve dans tous les cahiers de mesure indiqués page 29 (*tableau* A), et de grandeur naturelle à répondre à la 6e colonne, *diamètre d'emmanchure.*

Etude de manche proportionnée à la grosseur de la personne (pl. 7, fig. 11).

Je trace la ligne verticale *a b*, longue de 20 c. 1/2 (*moitié de la circonférence d'emmanchure*), puis les horizontales *a t*, *b x*; par le milieu *d*, de *a b* je mène encore l'horizontale *d v*.

c e est le diamètre de l'emmanchure (13 c.), le point *f* est le milieu de *c e*, *b g* est les 3/12 de ce diamètre.

(*C'est ici qu'on commence à faire usage du tracé de la fig. 9.*)

Ayant ouvert le compas de la grandeur *c e*,

et mettant la pointe sur *f*, je décris un arc *h*; puis je mets la pointe sur *d*, et je décris l'arc *i* qui coupe le premier en *r*; alors je reporte la pointe sur *r*, et je décris l'arc *f d y*; enfin, je mène par le point *g* une droite qui touche ce dernier arc en *u*, et j'ai le haut de manche *f d u g*.

Maintenant, la largeur de carrure étant 18 c. 3/4, je mets ce chiffre du ruban au point *g*, et je marque la longueur du coude au chiffre 50 c. en *s*, et celle de la manche au chiffre 80 c. en *x*.

On voit que le bout de manche *v t* est sur l'arc *x v t*, dont le centre est en *g*. La grandeur *v t*, réduite par les coutures, sera de 9 c., ce qui donnera 18 c. pour le bas.

z j étant les 4/12 du diamètre d'emmanchure, ce qui reste (*j s*) me donnera, déduction faite des coutures, la grosseur de coude, 29 c.

k e égale 3/12 du diamètre *a e*; *e l* est une verticale, *l m* égale 2/12 du diamètre *a e*; *k n* est de même longueur; la courbure en s a pour centre le joint *o*; *s o* égale *a e*.

Le dedans et le dehors de la manche sont donnés, autant qu'il est nécessaire, par les points *t j n f* et *v s m g*.

Manche plus large et évidée (fig. 12).

Evider une manche est une chose qui n'inquiète pas beaucoup; et cependant, si elle est trop évidée, quel effet se produira lorsque la personne lèvera le bras! Le militaire, dont l'habit est boutonné, dégaînera avec peine. Quelle que soit la mode, la manche doit donc être évidée proportionnellement à la grosseur de l'individu, et de manière que l'évidement se raccorde avec le tracé du dessus de manche fait comme précédemment.

Nous allons faire voir, avec la fig. 12, comment, *dans tous les cas*, on évide le dessous de manche.

Nous disons *dans tous les cas*, parce que,

lors même que le dessus aurait de par la mode un plus grand développement, comme ce développement se trouve réduit par l'assemblage à la grandeur de l'emmanchure, il en résulte que le dessous doit être évidé comme si la mode n'avait pas exigé cette plus grande ampleur du dessus.

Nous avons dit que le nombre placé dans la 8e colonne du tableau A servirait pour tracer le dessous de manche ; ce nombre est 8 c. 6 m. ; on porte cette grandeur de *d* à *q* (*il est bien entendu que le tracé est commencé comme le précédent et que les points* f d g *sont les mêmes*). Je mets la pointe du compas sur le point *q*, et, l'ayant ouvert du diamètre d'emmanchure, je décris l'arc *r*, puis, du point *f* comme centre avec le même rayon, je décris l'arc *t* qui rencontre le premier en *o ;* je reporte la pointe du compas en *o* et je décris l'arc *f q n ;* ensuite, par le point *g*, je mène une ligne qui touche cet arc en *u ;* la ligne *f q u g* me donne l'évidement.

On voit que cette manche est plus large

que l'autre, car, au bas, j'ai *t' v'* égale au diamètre d'emmanchure, et au coude, au lieu de *z j* égale à 4/12 du diamètre, j'ai *z' j'* égale seulement à 2/12 de ce même diamètre ; et, au gras du bras, au lieu des grandeurs *k n*, *l m*, j'ai pris des grandeurs moitié.

La fig. 13 nous donne le tracé de cinq manches ; celle de la fig 11 en *g s m t e f;* celle de la fig. 12 en *g s n t o f;* une autre en *g s b v k f;* une quatrième en *g s b u k f;* enfin, une manche droite en *g s b t k f*. Nous avons supposé *b u* égale à 30 c., *b v* égale 25 c.; *u u'* égale *v v'*, égale *g b*, la longueur de manche.

Fig. 14. Cette figure montre deux manches ; celle qui est en lignes pleines est la même que la fig. 11, et celle qui est en points est tracée suivant le modèle donné dans plusieurs publications ; on en voit même qui sont bien plus courbées et plus abattues du devant vers *f;* nous croyons ce tracé défectueux et peu en rapport avec la forme du bras.

Lorsque le bras s'éloigne de sa position tombante, la manche tire le devant, et fait croire que la largeur de poitrine du vêtement est trop faible. Bien des coupes donnent encore une emmanchure très-creusée en cet endroit, ce qui augmente le défaut que nous indiquons.

Les praticiens habitués à ces emmanchures trouveront la nôtre trop pleine; mais ils verront le contraire quand ils l'auront essayée et éprouvée.

Aux points *e* et *l*, notre manche répond mieux à la forme du bras, dont le gras demande à se développer en *e*, en laissant du vide en *l*.

Enfin, la position naturelle du bras est tombante et conforme à notre tracé.

La forme pointillée est trop cintrée et ne va bien que lorsque la personne a le bras très-ployé; elle fera des plis au coude et gênera à la saignée lorsqu'elle aura le bras tombant.

Etude de la basque. — Basque d'habit de chasse (pl. 8, fig. 15).

Supposons un tuyau de papier de la forme d'un tuyau de poêle (*droit*), partant de terre et s'élevant verticalement autour d'un homme jusqu'à la hauteur de sa ceinture, en le touchant tout autour du corps et formant comme une jupe sans plis; pour le faire toucher partout à la taille, il faudrait lui faire un certain nombre de suçons.

Nous opérons ainsi sur la basque; on peut voir sur la fig. que nous faisons des suçons *c* et *d* égaux, et correspondant à ceux du haut du vêtement; nous sommes ainsi très-sûr de l'aplomb de la basque.

Je place le haut de la basque sur la ligne horizontale *r q*, à l'exception de la partie de *f* en *k*, que je descends comme j'ai descendu le devant; mettant maintenant la pointe du compas en *g* au milieu du dos, et l'ouvrant jusqu'en *f*, je décris l'arc *f n*, qui pourrait dessiner la basque d'habit de chasse ; cette basque pourrait être plus courte et coupée, par exemple, suivant l'horizontale *o m*, l'habit ayant 92 c. de longueur totale.

Il ne reste plus alors qu'à mettre des poches et pattes de poches aux endroits désignés par la mode.

Il serait mieux de faire trois suçons au lieu de deux, en ayant soin que les trois n'enlèvent pas plus d'étoffe que les deux premiers. (*Voy. fig. 16.*)

La partie supérieure de la fig. 15, en traits pleins, est le même tracé que nous avons étudié; les traits pointillés indiquent le tracé auquel conduirait des épaules hautes; l'emmanchure, comme nous l'avons vu, devant rester la même et proportionnée à la grosseur de la personne, elle sera plus haute si les épaules sont plus hautes, et plus basse si les épaules sont plus basses ; la 4e mesure fera monter ou descendre l'horizontale *a c*; mais encore, nos mesures 9 et 11 auraient été modifiées et nous auraient guidé dans notre tracé.

Encore une fois, nous voyons que toutes ces études de tenues ou de conformations diverses n'ont fait qu'embrouiller les principes de coupe, au lieu de les éclairer, et que, par nos mesures et notre tracé, nous tournons toutes ces difficultés et marchons, cependant, droit au but.

Tracé de deux basques d'habit (fig. 16, pl. 9).

Il est difficile de donner le tracé des basques d'habit, parce que la mode change souvent; nous pouvons cependant en étudier un pour nous éclairer sur le sujet. L'aplomb étant connu par l'étude précédente, il nous sera facile de les dessiner comme la mode les réclame.

Je prends dans les trois suçons et le pli de

a à o une largeur égale à celle des deux suçons de la figure précédente.

o e est la basque du dos ; la verticale *o c* est le pli de la basque ; la ligne verticale pointillée *e* est le bord de la basque ; la verticale *f* est le dessous de basque du dos.

On voit que sur le devant *h*, et par deux lignes pointillées, je retire à la basque autant que j'avais ajouté sous le devant en *r* ; j'ai abattu de la basque sur une longueur *a g*, qui est la moitié de la 4e mesure.

La longueur de la basque se fixe d'après la 17e mesure; nous l'avons supposée de 97 c.

Quant aux limites de devant de basques dessinées sur la figure, elles ne sont qu'un exemple; la mode peut les changer d'un jour à l'autre.

Etude de jupe (pl. 10, fig. 17).

Il est facile de voir le rapport qui existe entre cette figure et la fig. 16 de la pl. 9, car on retrouve les mêmes lettres *o a* et *h* sur chacune d'elles.

Si sur la fig. 17 je ne faisais que les trois suçons 1, 2 et 3, comme sur la fig. 16, l'ampleur de ma jupe ne serait pas plus forte que celle de l'habit; pour avoir la jupe plus ample, je dessine les suçons 5, 6 et 7; j'enlève les suçons et je coupe dans le fond de chaque vide, verticalement, comme il est indiqué par les lignes pointillées; j'obtiens sept bandes que je rappproche par le haut et par le bord des suçons, ce qui me forme la fig. 18; l'ensemble de la figure terminé par l'arc *c d* est le tracé de cette jupe; je l'aurais plus ample en écartant davantage les bandes par le bas; je pourrais obtenir ainsi l'ampleur de la jupe de tunique.

Jupe attenant au devant (pl. 11, fig. 19).

Le bas de cette figure nous représente la fig. 17 de la pl. 10, sur le haut de laquelle on a ajouté un devant; on ferait encore les trois suçons si on voulait l'avoir aussi juste qu'une basque d'habit. La ligne pointillée en étoiles *a* fait voir une petite ampleur qu'on peut laisser en plus; mais il est mieux de rapprocher les trois suçons 5, 6 et 7, ce qui donne le pointillé qu'on peut augmenter encore suivant le tracé étoilé *b*.

(Ces bords de jupe, pour les plis, ne plairont peut-être pas à tout le monde, on ne les trouvera pas assez ronds; mais c'est plutôt à bien bâtir et presser des plis qu'on les forme bien.)

Jupe de tunique ou Jupe ronde (pl. 11, fig. 20).

Nous avons marqué dans notre feuille des mesures 82 cent. pour la mesure de ceinture; la tunique pouvant être un peu plus serrée, nous supposerons que nous voulons donner 80 cent., et il faut trouver le rayon du cercle qui nous servira à décrire le cercle B de la ceinture; or, rien n'est plus simple avec l'aide du tableau A : cherchez dans la 7e colonne, circonférence d'emmanchure, le nombre moitié de la ceinture (c'est ici 40 cent.), et prenez sur la même ligne horizontale le nombre qui est dans la colonne à gauche, vous trouvez 12 c. 3/4, c'est le rayon du cercle à décrire et qui aura 80 c. de développement.

Robe de chambre. — Etude de paletot droit (pl. 12, fig. 21).

Il est généralement reconnu qu'il vaut mieux se servir du patron pour couper que de dessiner sur l'étoffe directement; on le fait alors avec plus d'économie et en choisissant à volonté le sens de l'étoffe, selon les différentes parties du vêtement.

Par conséquent, nous supposerons que nous avons fait le tracé du corsage pour une personne qui nous demande par exemple une robe de chambre; je disposerai les pièces de mon patron comme on le voit sur la figure.

Sur une feuille de papier, je trace la verticale *o g;* je fixe le haut du dos du patron en un point *o* de cette ligne; et, me servant de la fig. 9, pl. 6, je l'écarte de cette ligne au bas *n* de 2/12 du diamètre d'emmanchure; *comme l'étoffe est double, cela fera pour le dos entier 4/12 de ce diamètre d'augmentation.* Le petit côté joignant le dos au point *a*, je l'écarte du dos en *b* de 3/12 du diamètre d'emmanchure en plus de l'écartement ordinaire. (*Voy.* z j, *fig. 4*). J'en fais autant au-dessous du bras en *c*, et devant je fais comme en *n* au dos, la ligne verticale du devant *m f* est écartée près de *f* de 2/12 du diamètre d'emmanchure et devient *m k*.

Ce changement de position du corsage a déformé l'emmanchure; il faut la corriger en la recreusant sur le devant vers *u t* et en l'augmentant un peu de *r* à *s*, de manière à donner la même régularité à la courbe du tracé; j'ai ainsi la robe de chambre. Si l'on donnait plus d'ampleur, et qu'au lieu de 3/12 on augmentât de 4/12 du diamètre d'emmanchure, la nécessité de corriger l'emmanchure serait plus frappante.

On pourrait, en opérant ainsi, obtenir un par-dessus d'une très-grande ampleur.

On comprend encore que, si l'on continuait les lignes A B *l' d* de la fig. 5, on aurait un vêtement qui serait très-droit.

On peut donc mettre l'ampleur que l'on désire ou que la mode réclame.

On a porté des paletots droits où l'ampleur n'était pas répartie partout également, et sur lesquels, à dessein, on faisait former des tuyaux dans certains endroits ; nous arriverions à ce résultat en ouvrant davantage le patron dans les endroits où l'on voudrait en former.

Si de cette figure on veut avoir un paletot,

on ouvre sur la ligne *a v;* pour la robe de chambre, on ouvre sur la ligne *t d*.

On règle la longueur du vêtement en comptant depuis l'horizontale *m t x v* du dessous de bras.

Je saisirai cette occasion pour demander aux journalistes que, lorsqu'ils donnent une nouvelle forme de vêtement sur leurs patrons réduits, ils aient la bonté de mettre le patron du corsage comme je l'ai fait sur cette figure; cela indiquerait clairement les changements qu'exigerait la nouvelle mode.

Paletot dessinant plus ou moins la taille (pl. 13, fig. 22).

L'ampleur du vêtement sur cette figure est la même qu'à la fig. 21 ; seulement, après avoir dessiné le contour, j'ai enlevé mon patron de corsage pour faire le tracé qui dessine la taille ; ainsi, les lignes du dos et du devant sont les mêmes ; le suçon du dessous du bras *c* est de 3/12 du diamètre; le suçon *b* est de 6/12 ou 1/2 diamètre; ces deux suçons m'enlèvent donc 9/12 du diamètre, et j'avais ajouté 10/12; ce vêtement touchera donc un peu moins la taille que l'habit ou la redingote.

On voit que le devant et le dos sont raccourcis dans le bas en *x* de ce qu'on les tendra vers le point *b*. De ce que le petit côté manque par le haut, il sera rallongé en le tendant vers le point *c*. On voit aussi la rectification à l'emmanchure. L'échancrure, indiquée en *d* sur l'anglaise, montre ce que l'on ferait pour faire mieux dessiner la taille; on pourrait aussi, dans le même but, faire un autre suçon sur le devant, à la hauteur de la ceinture en *l*.

On peut donc, par tous ces moyens, en suivant la mode, dessiner plus ou moins la taille, et donner plus ou moins d'ampleur au tout ou à chaque partie en particulier.

On a pu remarquer sur toutes les figures, à l'emmanchure du devant, le point où l'on voit une petite étoile; c'est le dessus de l'épaule, ou milieu de l'emmanchure, qui est à l'opposé du dessous de bras ou d'emmanchure. On voit aussi un autre point au devant qui est marqué II, fig. 4, et qui fait face au milieu de la carrure du dos I (*même figure*); tous les deux sont utiles pour monter la manche.

Manteaux (pl. 14, fig. 23).

Le tracé en traits croisés donne le développement du corsage tracé pl. 4, fig. 5; comprenant le devant et le dos; la ligne milieu du dos est placée sur *n k*. On cherche sur la ligne *k n* un point *a*, à égale distance du point *k* et *b*; ce point *a* est le centre de l'arc du camail *k m b*; on diminue sur le bas du devant d'autant de hauteur *b v* qu'on a augmenté ce devant en R (fig. 4), et on fait mourir cette diminution à l'épaule.

Pour un manteau, on augmente de la longueur nécessaire.

Fig. 24, même planche.

Si je veux avoir la forme d'un camail ou manteau de femme plus étroit, je tracerai suivant les lignes pleines. Pour cela, sur le dessin précédent je trace une ligne droite du centre *a* à l'étoile dont nous avons parlé (fig.21), et que nous marquons en *x* sur cette figure. Je coupe le patron suivant cette ligne *a x c* et, faisant en sorte que les deux parties se touchent toujours en *x*, je fais tourner celle du dos jusqu'à ce que la ligne du milieu L *k* soit en L' *k'*, d'équerre sur la ligne du devant *b y*; il ne reste plus qu'à corriger le rentrant formé en *u* par le recroisement des deux parties du patron; on y parvient en cherchant le point *f* sur la ligne du dos, à égale distance des points *k'* et *v*, et en traçant de ce point *f* comme centre l'arc *k' o v*; je fais alors le suçon *e x g* suivant les courbes; et, en donnant la longueur voulue, j'aurai un camail ou manteau de femme comme on en voit beaucoup.

Pl. 14, fig. 25.

Cette figure est tracée en petits tirets ou traits interrompus; elle donne un manteau rond.

J'ai toujours le devant à la même place; l'encolure doit partir du point h; de ce point à la ligne du devant *b y* il y a 1 c. 1/2; ajoutons cette quantité à la demi-encolure, nous aurons la valeur de la demi-circonférence *l h d i* qui sera 27 c. 1/2 pour le cas où nous sommes avec une demi-encolure de 26 c.

Dans tous les cas, nous en aurons le rayon comme nous avons eu celui de la ceinture de la tunique (fig. 20). Nous porterons ce rayon de *h* en *s* sur la ligne *b y*; *s* est le centre de l'encolure *h d i*; nous porterons ensuite la longueur du dos de *i* à *y*; enfin, mettant la pointe du compas sur *o'*, milieu de *b y*, nous décrirons la demi-circonférence *y d' b*. On diminue encore de *b v* en allant mourir à l'épaule comme à la fig. 23.

On augmentera ensuite la longueur tout autour de ce que l'on voudra.

Pl. 14, fig. 26.

Si l'on voulait un manteau d'une ampleur moyenne entre celles données par les figures 23 et 25, on prendrait, pour décrire l'encolure, un rayon moyen entre les deux rayons 13 et 9 c. employés pour ces deux figures, par conséquent, un rayon de 11 c.; on porterait 11 c. du point *h* au point *r* sur la ligne *b y*, on décrirait un arc avec ce même rayon, et on développerait sur cet arc de *h* en *z* la longueur d'encolure 26 c., ce qui conduirait au point *z*; joignant le point *z* au centre *r*, on a la ligne du dos, que l'on marque de *z* en *p*. On cherche ensuite sur *p r* un point *t* à égale distance des points *p* et *b*, pour décrire un arc de cercle qu'on diminue sous le devant en *b v*, en allant mourir à l'épaule comme aux fig. 23 et 25.

Étude de Gilet (pl. 15, fig. 27).

On peut reconnaître notre corsage dans la ligne pointillée de cette figure ; pour en faire un gilet, il suffit de retirer 1 c. tout autour de l'emmanchure, pour qu'elle ne fasse pas grosseur avec celle d'une grande pièce. Le collet est le même que celui que nous avons donné fig. 7, moins le tombant que l'on fait si l'on veut. Un gilet fait ainsi avec le corsage aura le même aplomb, et le dos pourrait se passer de boucle. La largeur du bas du devant ne serait pas gracieuse à l'œil pour un gilet, et pas avantageuse pour certaines laizes d'étoffes à gilet; c'est pourquoi la ligne *a* est avancée comme à la fig. 28 en *a'* et suivant le goût. Le point *b*, hauteur naturelle de la taille, fait voir que le bas du dos doit être ouvert jusque-là. Le point *k* sur la ligne du devant est donné par la 20e mesure (70 c.), pour un gilet boutonnant haut.

Gilet droit et à châle (pl. 15, fig. 28).

Cette figure est la même que la fig. 27; le seul changement existe dans le rétrécissement du devant, d'autant qu'on a rélargi le dos.

La largeur du dos au point *j* est plus forte qu'à la fig. 27 et aux figures précédentes; je le fais ainsi pour que le suçon se trouve à même de s'étendre sur les hanches et que, déployé, le dos se trouve à peu près aussi large que chacun des petits côtés.

On peut voir que l'emmanchure est rectifiée. Il est bon d'ouvrir un suçon *c* pour les personnes qui ont les épaules creuses.

La ligne *d h* donne le devant d'un gilet droit que l'on abat d'un devant de grande pièce comme on le veut ; la ligne pointillée *e h* est pour un gilet à châle ; mais s'il est en étoffe de soie qui grimace beaucoup, on fera bien de creuser jusqu'à la ligne pleine marquée *h f*. Le châle et sa cassure *g x* sont dessinés en petits tirets ; on l'abat de *g h* jusqu'en *o*, surtout si l'on coupe l'encolure sur la ligne *h f*, et l'on fait le suçon *b* sans crainte de déranger l'aplomb.

Ajoutons à tout cela le suçon de poche, et l'on aura une coupe de gilet aussi gracieuse que possible.

Devant de Gilet droit (pl. 16, fig. 29).

Cette figure nous donne le devant de gilet indiqué sur la fig. 28 par la ligne *d h* ; on y a indiqué la 19e mesure : *longueur de gilet, 130 c.*, et la 20e *hauteur de boutons, 92 cent.*

Pl. 16, fig. 30.

La fig. 30 est un devant de gilet à châle donné sur la fig. 28 par la ligne *h f*.

La fig. 31 est le collet du gilet à châle donné également sur la fig. 28 ; on a indiqué où il faut tendre au pied, si l'on veut qu'il porte bien sur le cou, et au tombant pour qu'il ne bride pas.

La fig. 32 est un gilet de chasse à la Louis XV. Le devant est le même, pour le haut, que la ligne pointillée fig. 27 ; on ajoute un collet droit ou à tombant, ou à revers, et pour boutonner jusqu'au haut tout à la fois ; on creuse le devant et la basque comme on le voit sur le dessin, lequel indique aussi que le bas va jusqu'à la ligne du devant en *b*.

Dans ce système, la coupe des gilets n'est pas différente de celle d'une grande pièce, et cela est naturel, puisque c'est pour habiller une même partie du corps.

Un praticien qui sait bien couper le corsage, s'il a un peu de goût, saura bien appliquer la coupe aux gilets, tout en se conformant à la mode.

La fig. 33 donne la transformation de

la manche académique selon la mode.

La manche pointillée en points ronds est la manche académique donnée fig. 11 ; après l'avoir établie, elle sert de guide pour tracer celle qui est en traits pleins aussi bien que celle tracée en petits tirets; toutes les deux sont rélargies au-dessus de manche, et celle en tirets a un coude très-prononcé comme on en fait aujourd'hui.

CONCLUSION.

On a pu remarquer que toutes ces figures ne sont qu'une étude; ainsi, le patron principal ne vient qu'à la hanche; mais il est inutile d'expliquer ce que la fig. 27 (*gilet*) fait très-bien comprendre, qu'il est très-facile de rallonger un corsage d'autant que la mode le voudra.

Cette manière de couper est fort simple; ceux qui ont parcouru ces pages en seront convaincus comme nous; elle supprime beaucoup de difficultés; il est à désirer, non pas qu'on fasse moins bien, mais qu'on simplifie autant que possible le travail, afin que, partout, on puisse trouver des ouvriers capables de l'exécuter parfaitement.

Nous avons travaillé dans ce sens pour la

coupe, et pour nous-même d'abord; nous trouvant bien de suivre une méthode aussi simple et aussi sûre, nous avons cru, et nous croyons encore, faire une œuvre utile en publiant le résultat de nos études; puissent nos confrères accueillir ce travail avec le même sentiment de bienveillance qui nous l'a fait entreprendre, et nous serons suffisamment récompensé!

TABLE.

PREMIÈRE PARTIE.

DEUXIÈME PARTIE.

PL. 1.

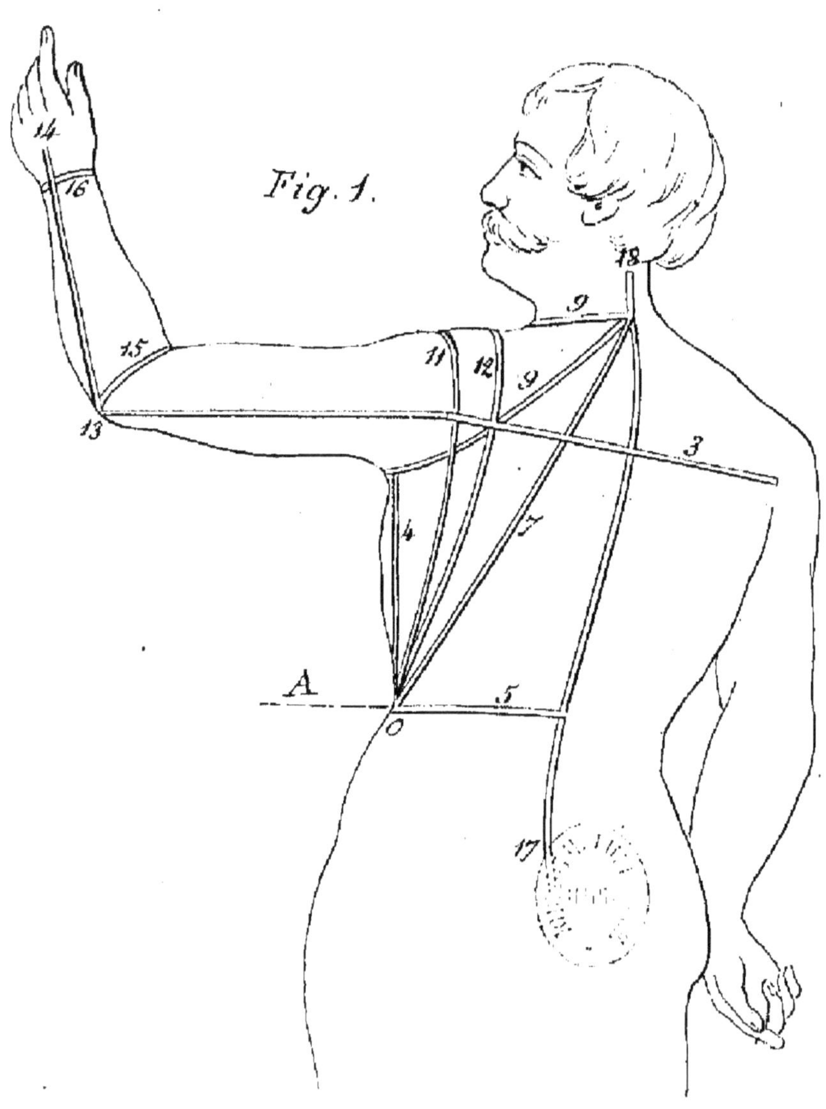

Fig. 1.

PL. 2.

Fig. 2

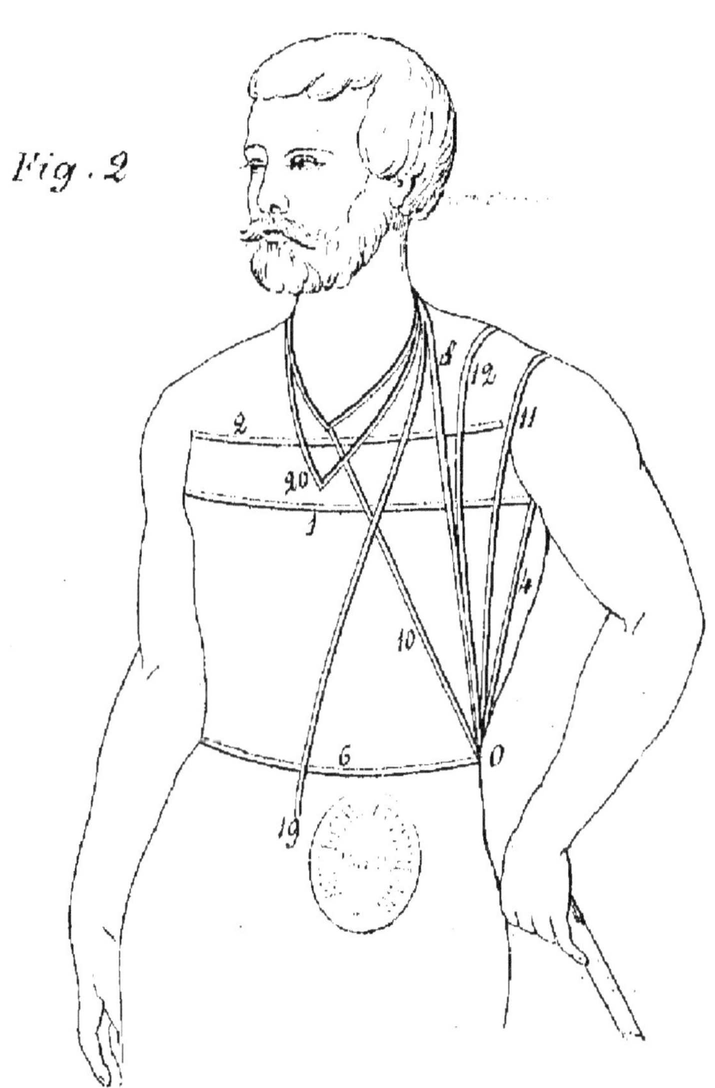

PL. 3.

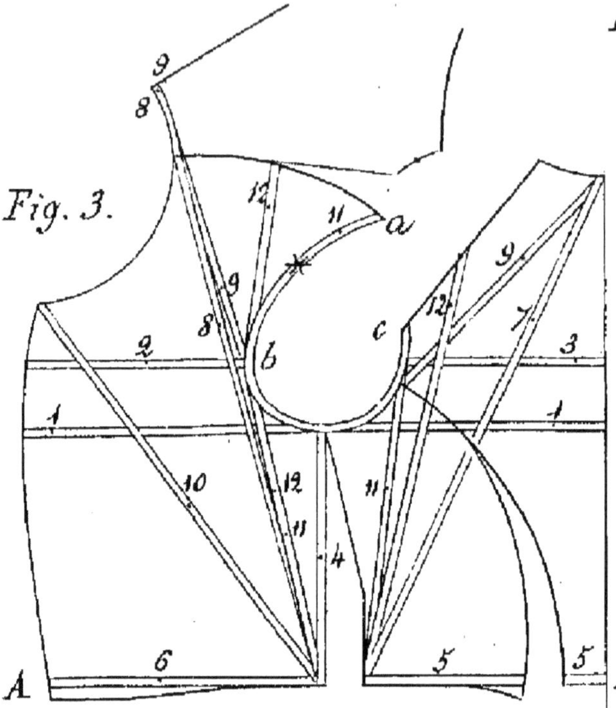

Fig. 3.

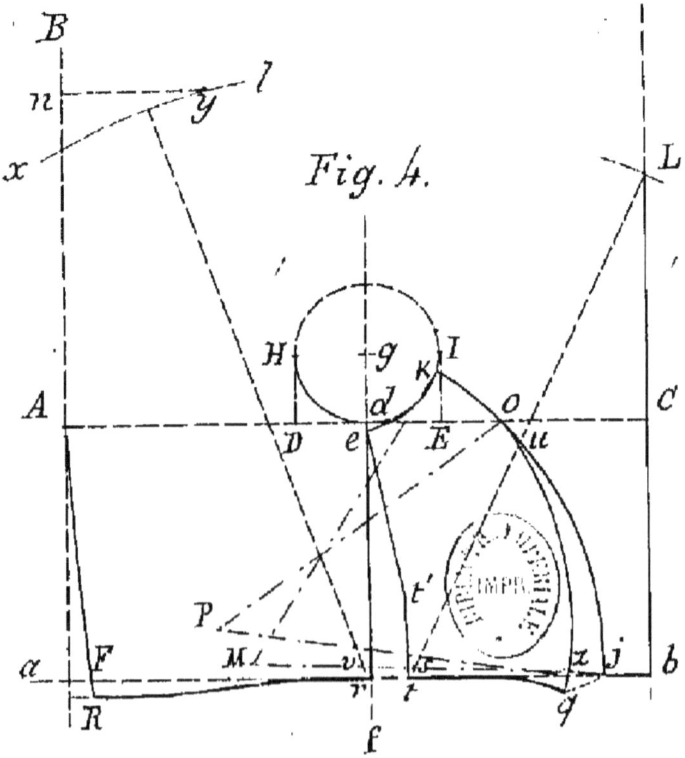

Fig. 4.

PL. 4.

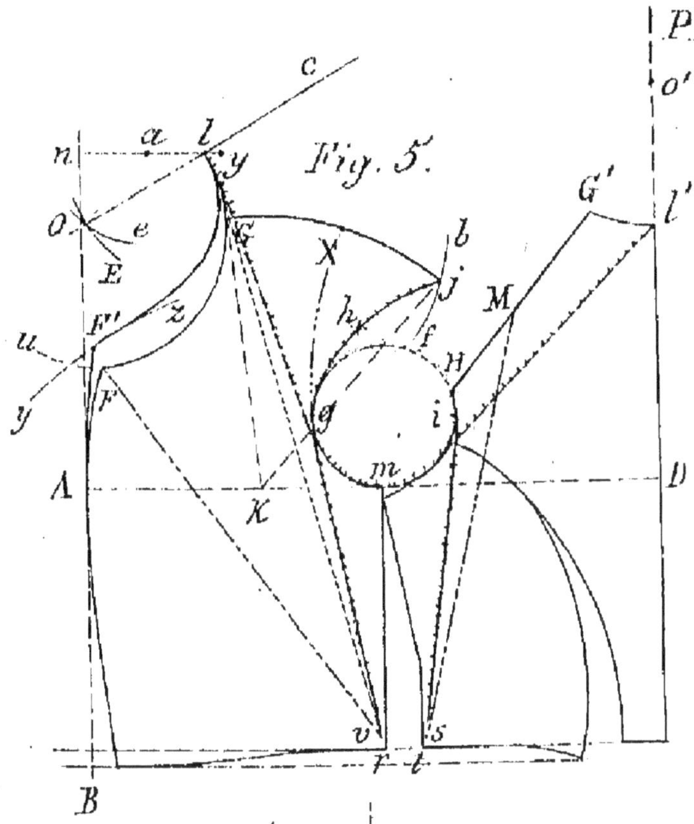

Fig. 5.

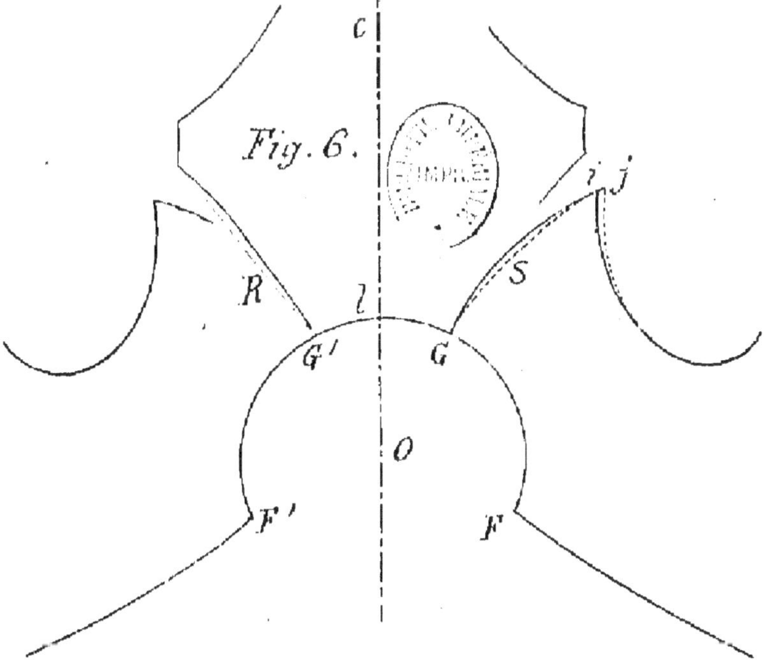

Fig. 6.

PL. 5.

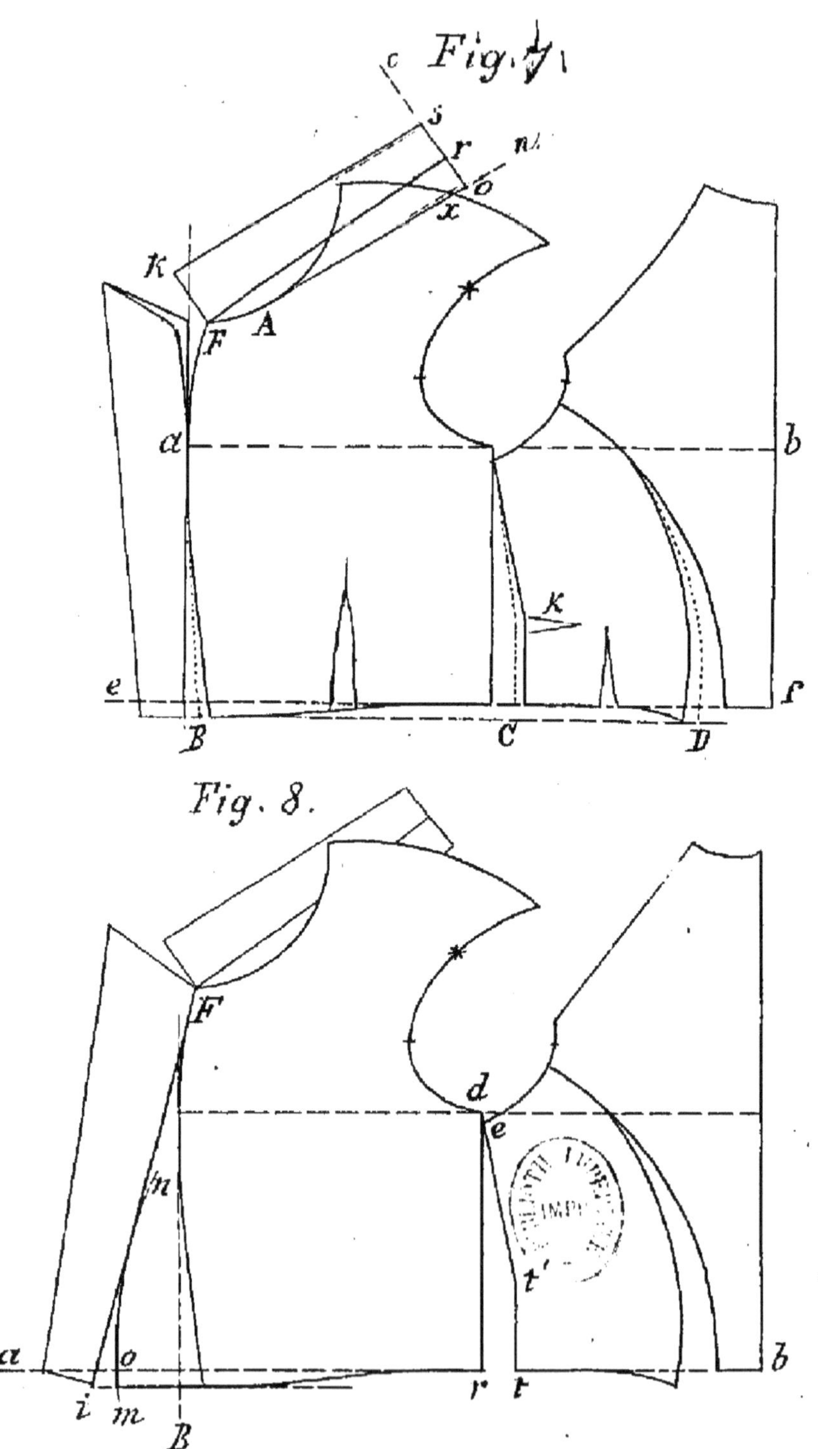

Fig. 7.

Fig. 8.

PL. 6.

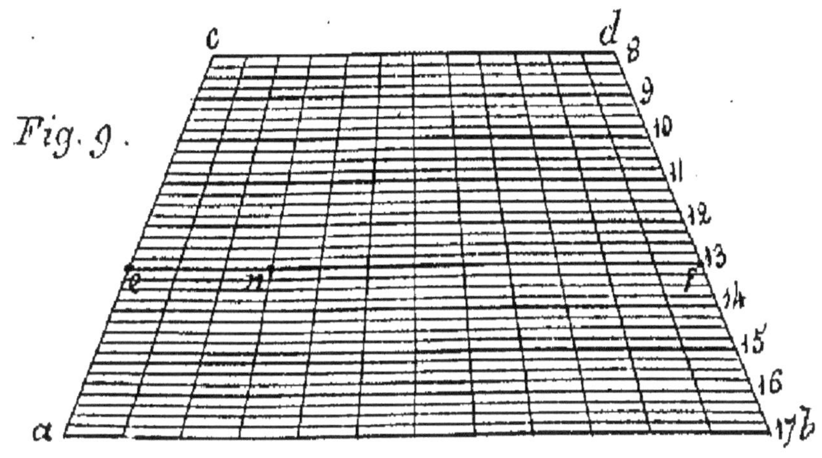

Fig. 9.

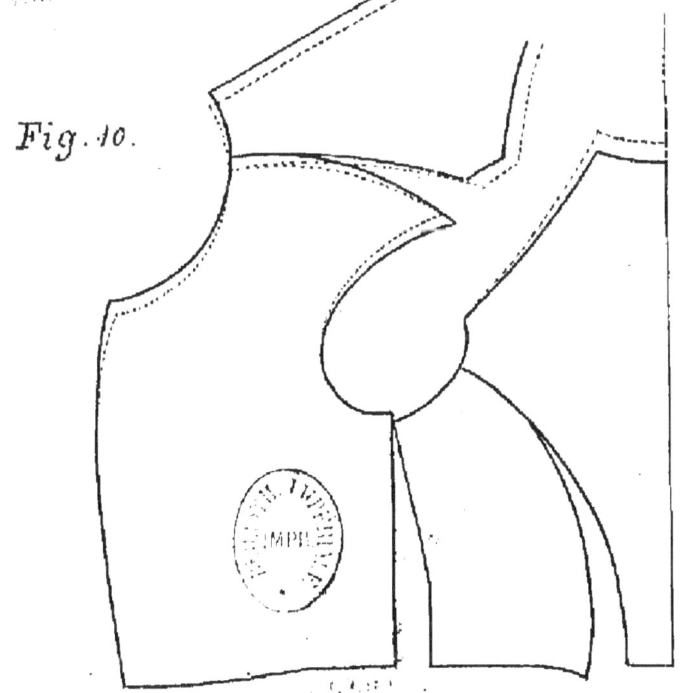

Fig. 10.

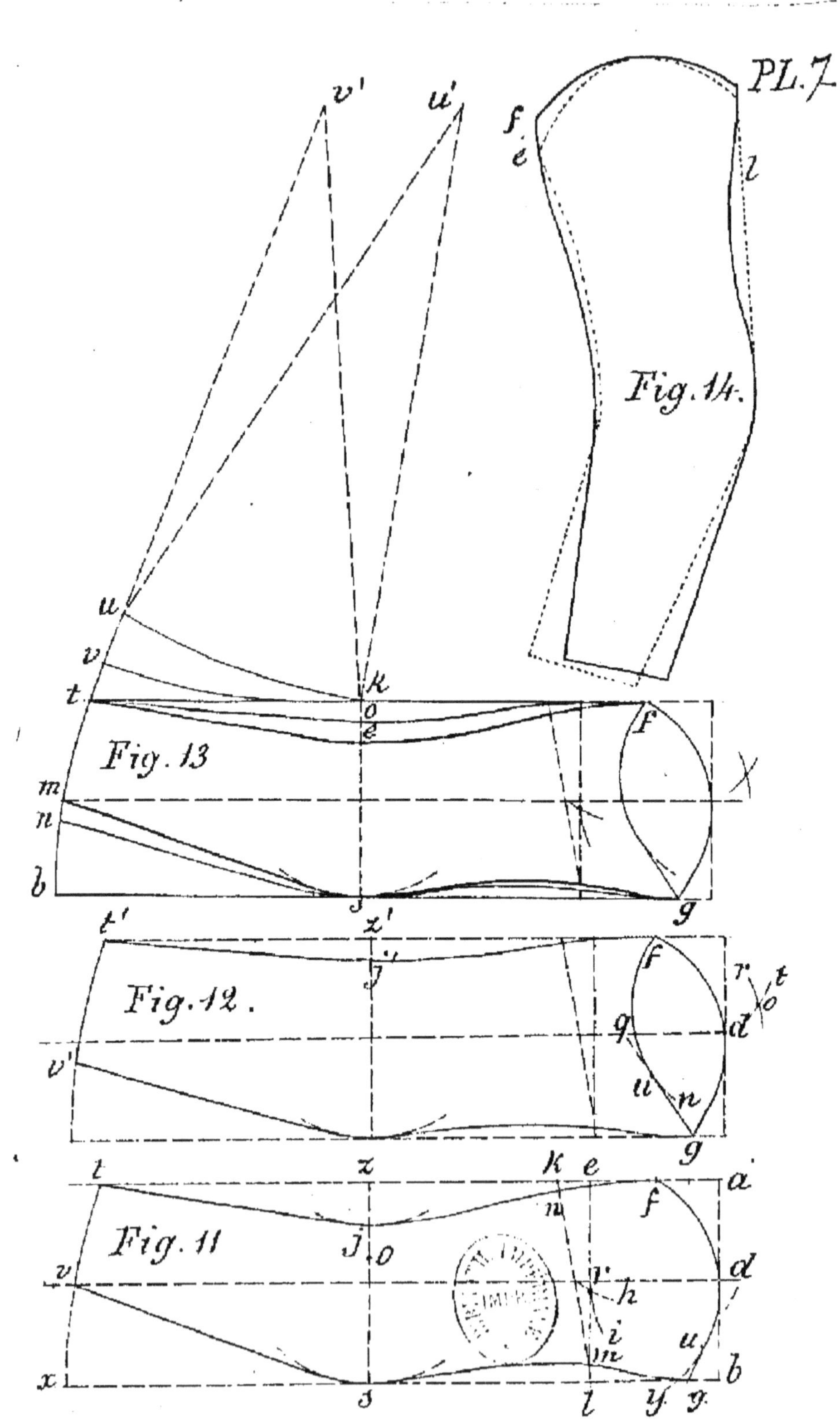
PL.7
Fig. 14.
Fig. 13
Fig. 12.
Fig. 11

PL. 8.

Fig. 15.

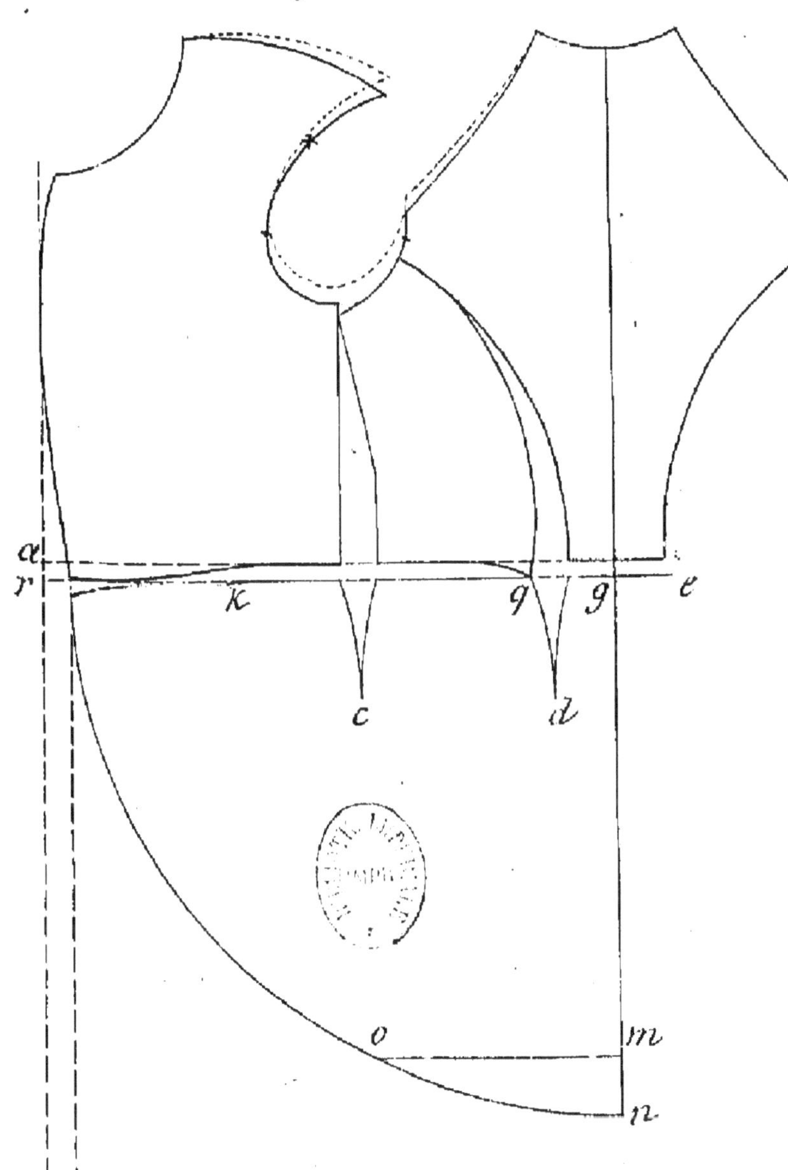

PL. 9.

Fig. 16.

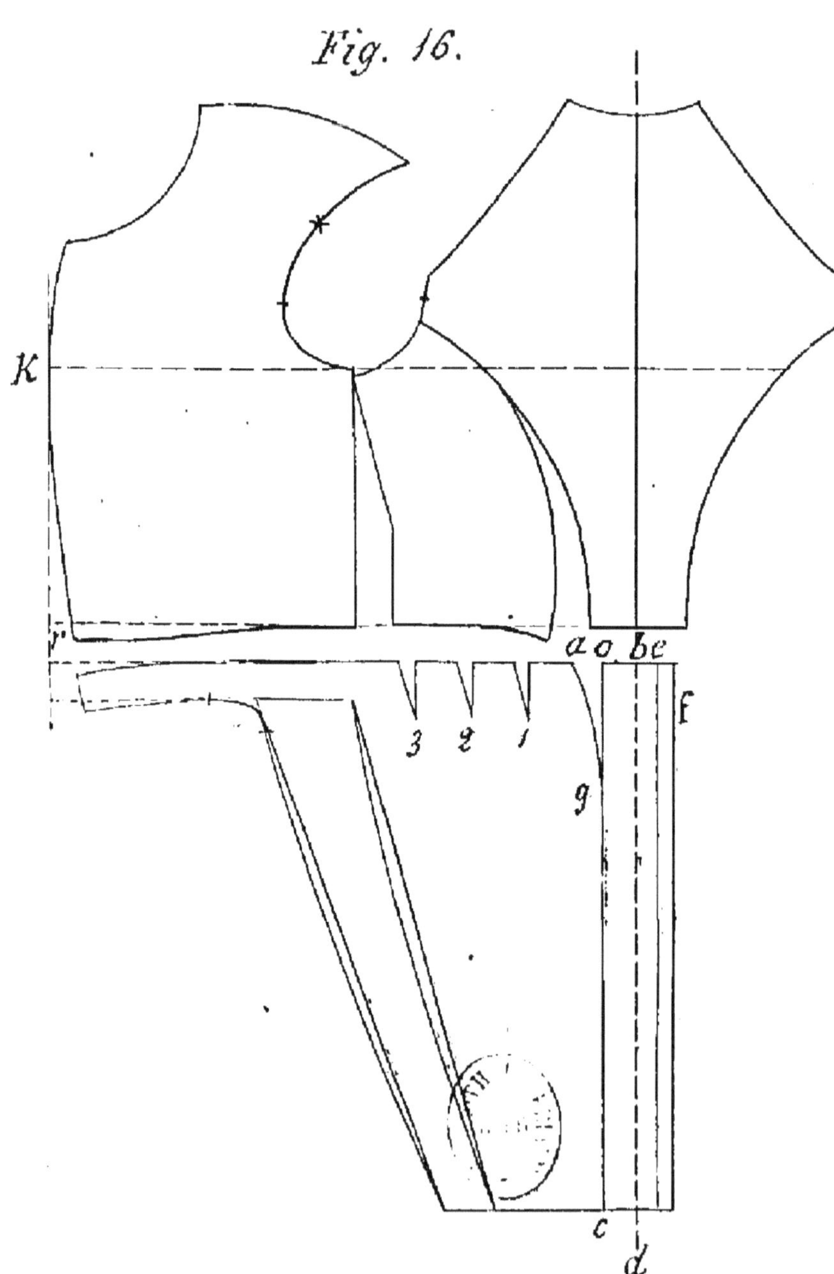

PL. 10.

Fig. 17.

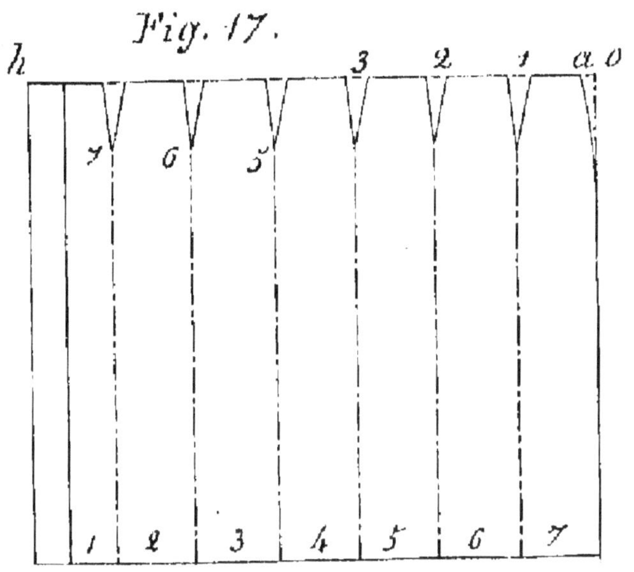

Fig. 18.

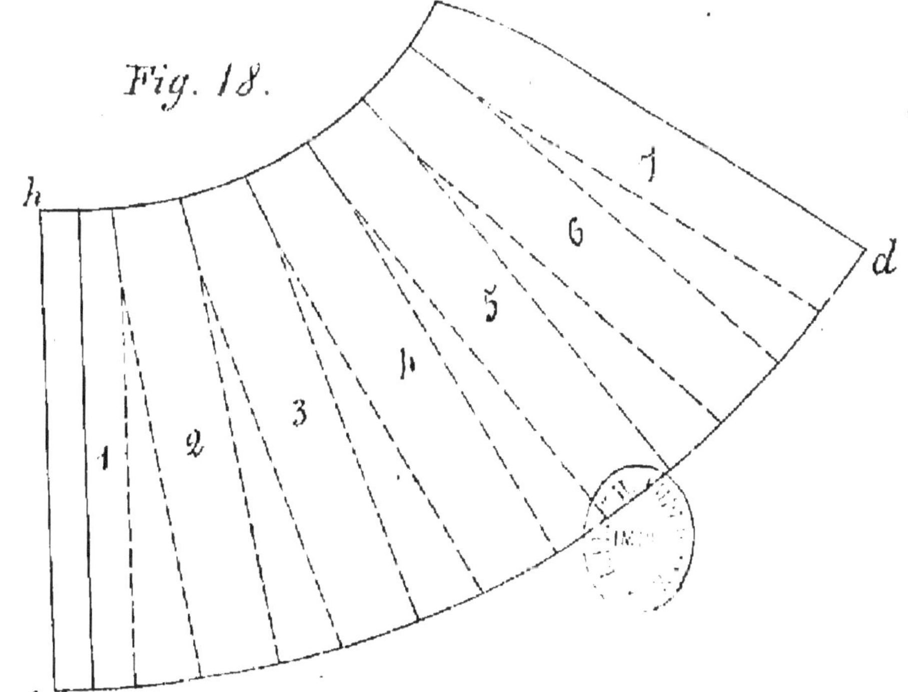

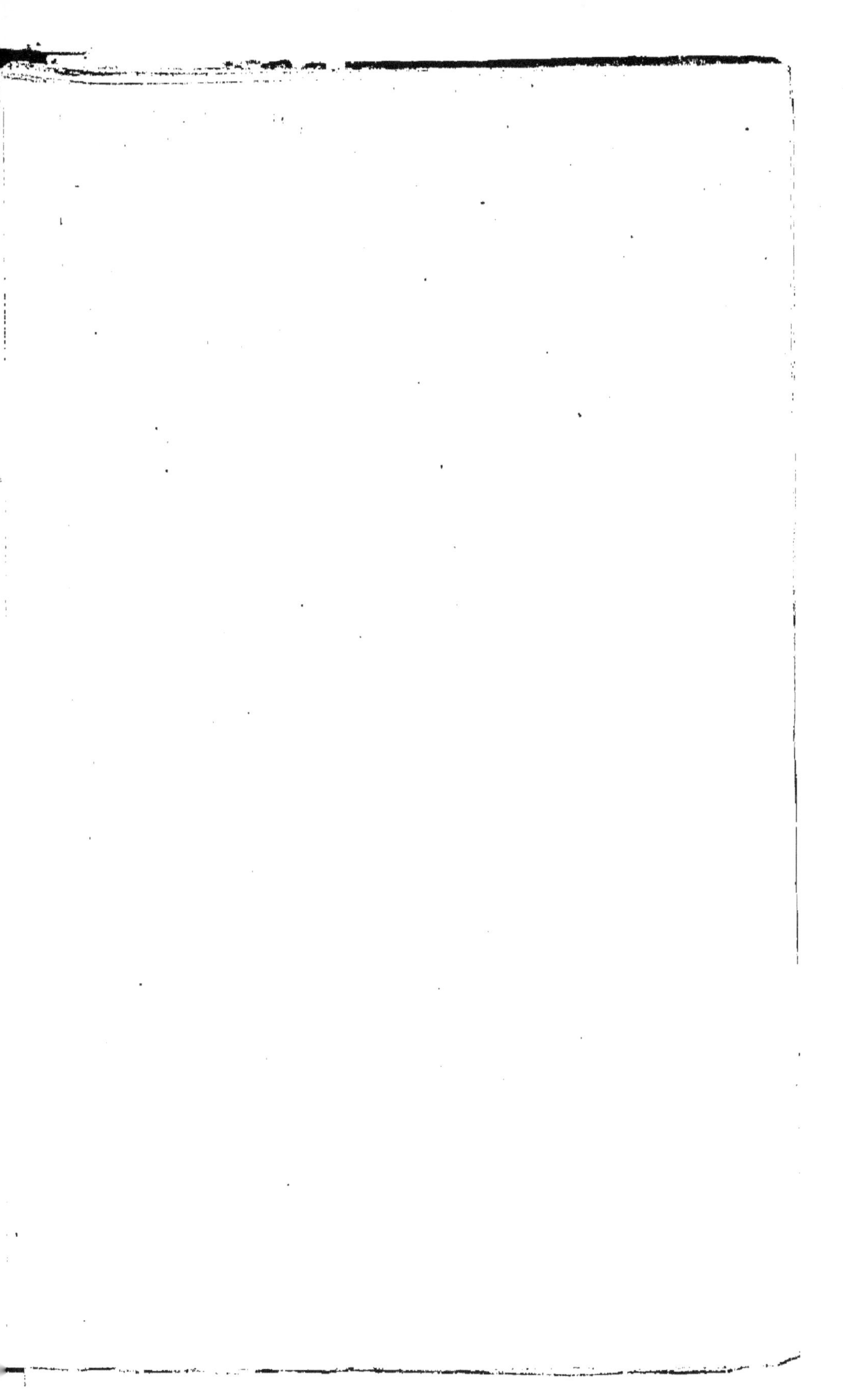

PL. 11.

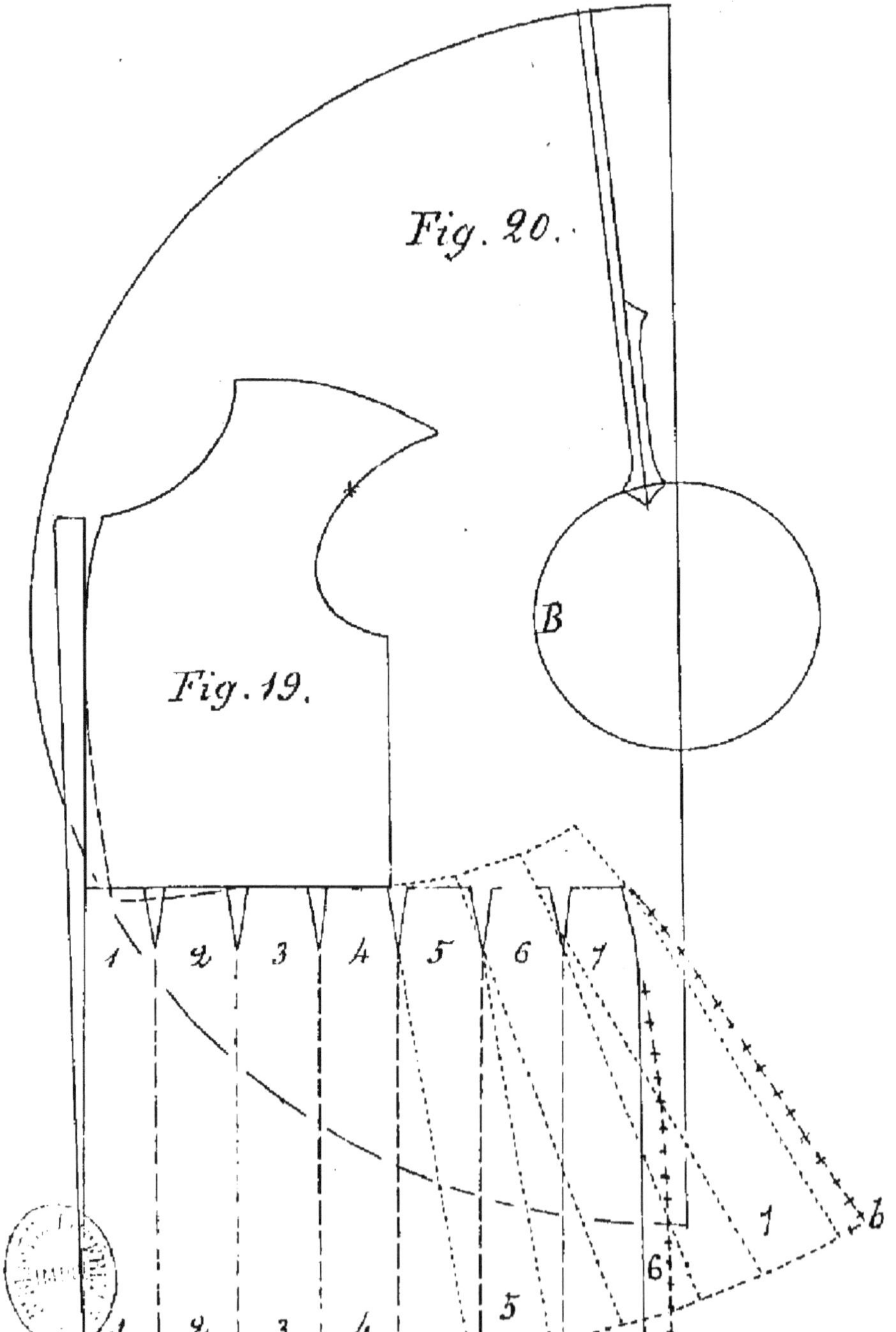

Fig. 20.

B

Fig. 19.

1 2 3 4 5 6 7

7

6

5

b

1 2 3 4

a

PL. 12.

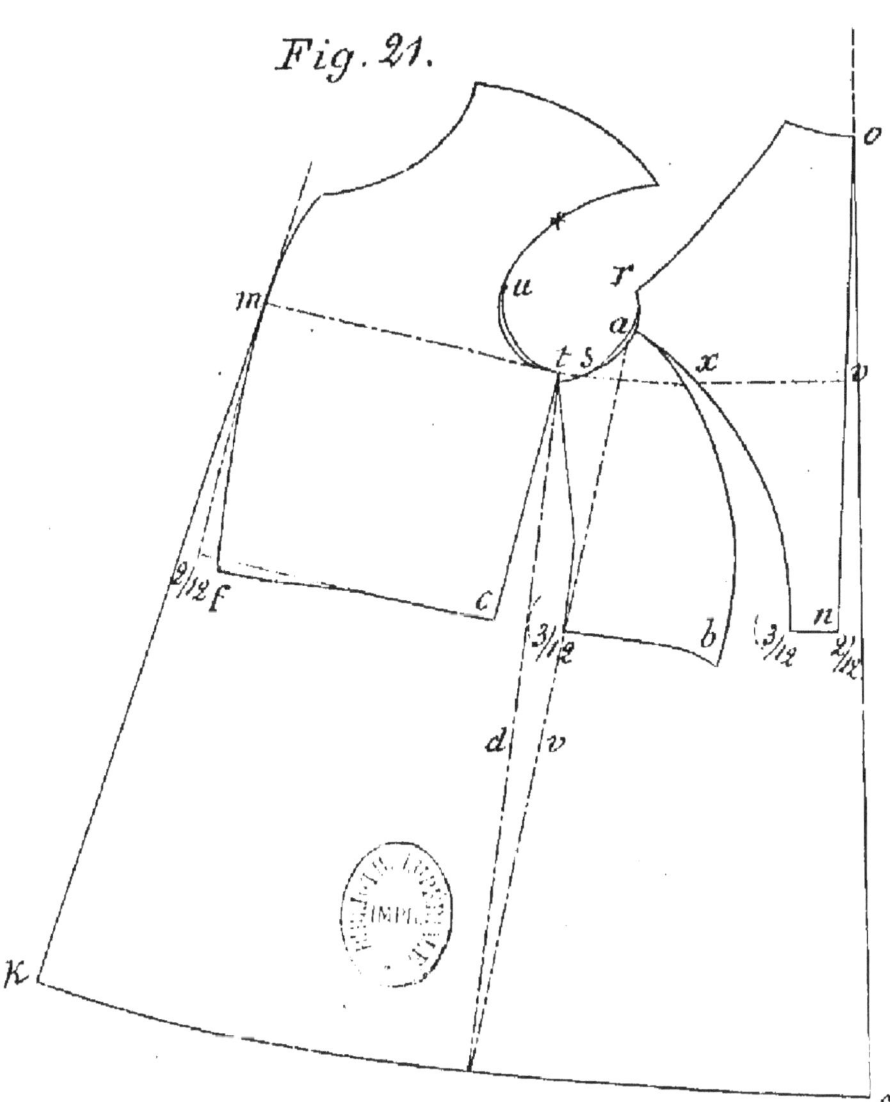
Fig. 21.
o
r
m
u
a
t s
x
v
2/12 f
c
3/12
b
3/12
n
2/12
d
v
K
g

PL. 13.

Fig. 22.

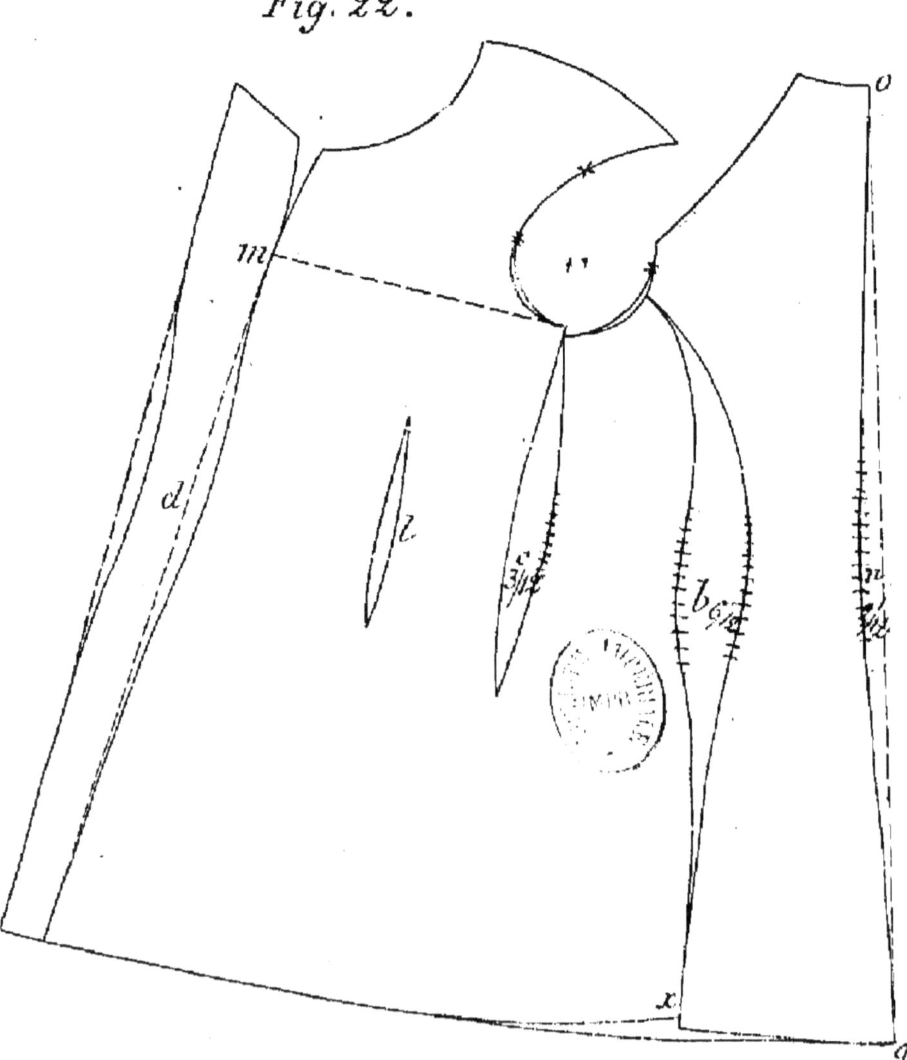

PL. 14.

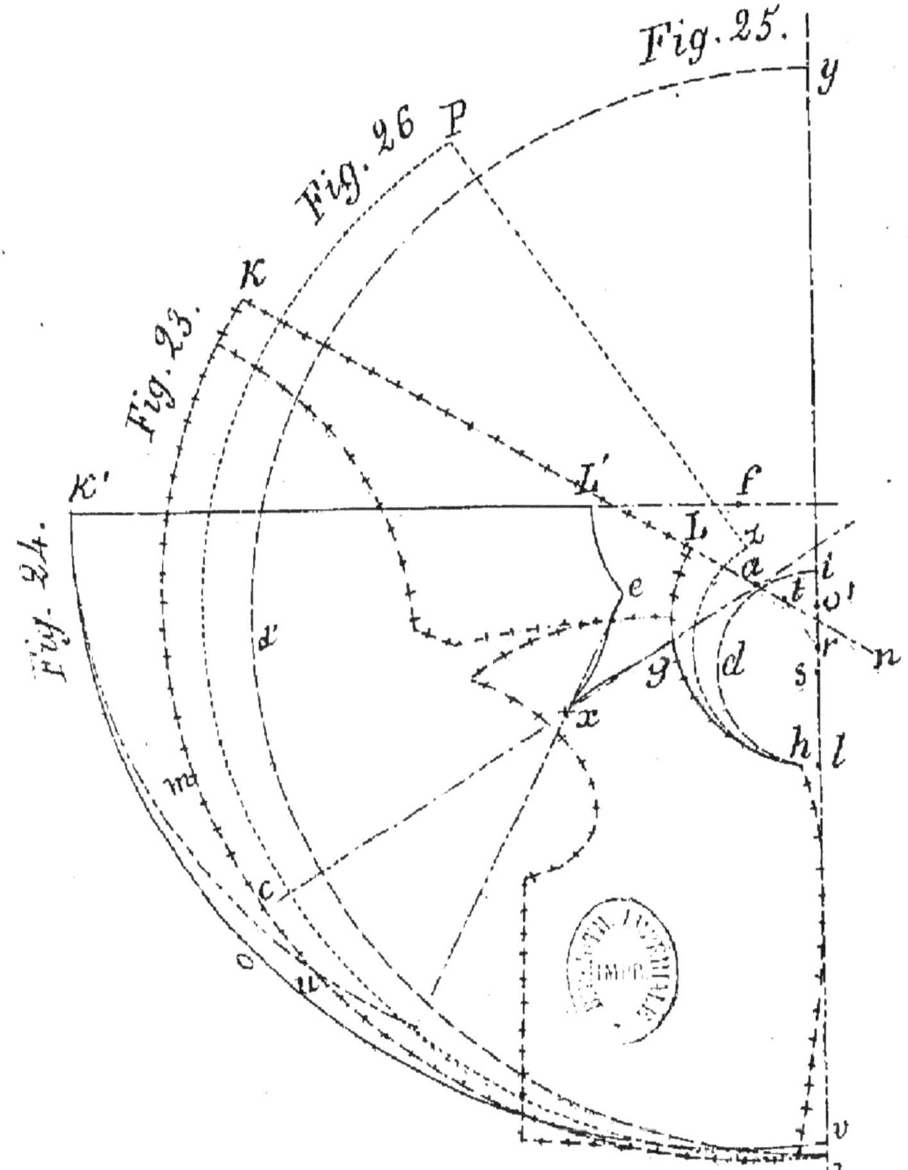

Fig. 25.

Fig. 26

Fig. 23.

Fig. 24.

P K K' L' L f z a i t o' r n e d' g d s x h l m c o u v b y

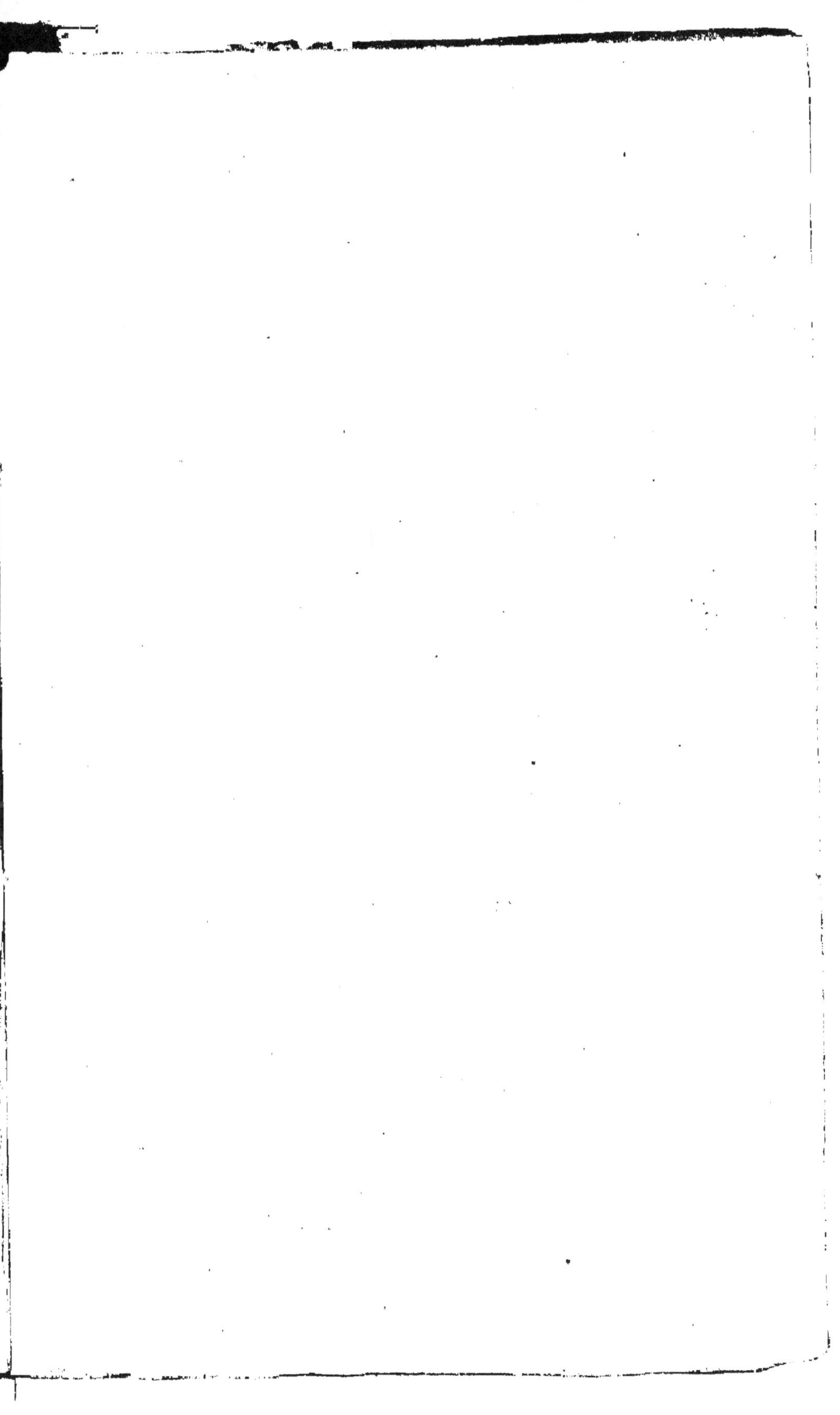

PL. 15.

Fig. 27.

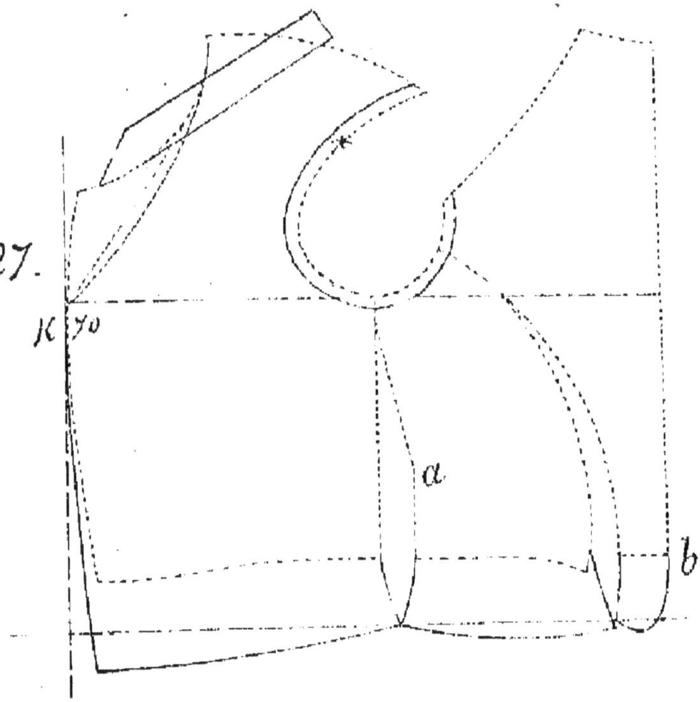

K 70 a b

Fig. 28.

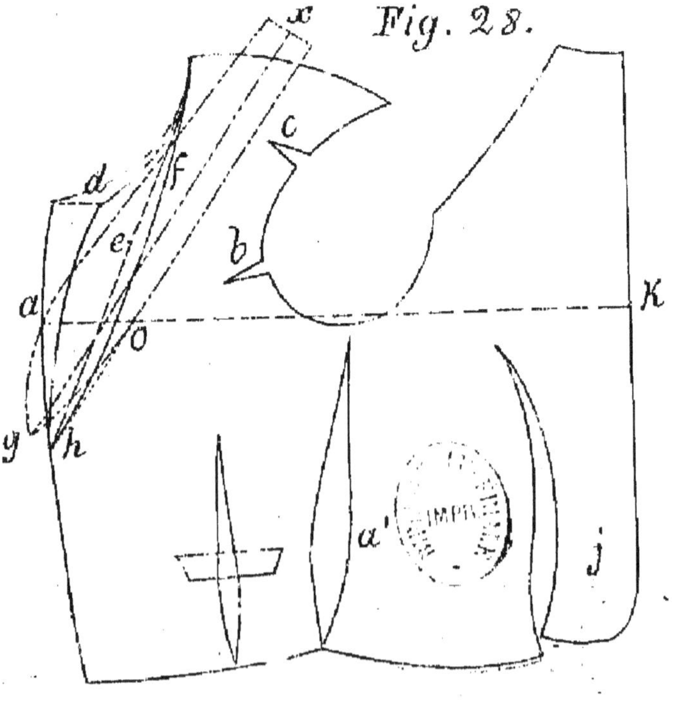

x c d f e b a o K y h a' j

PL. 16.

Fig. 29.

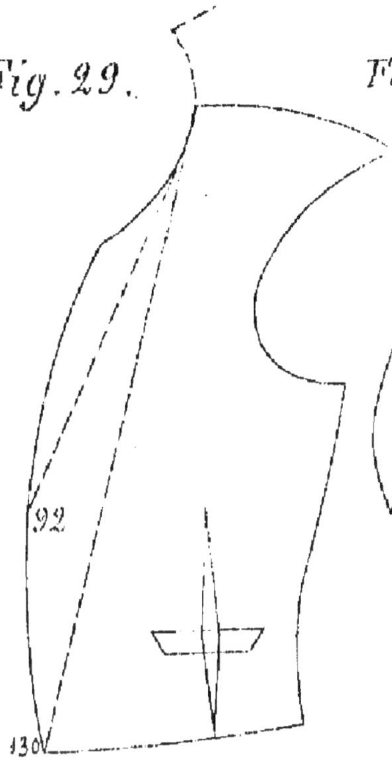

Fig. 31.

Fig. 30.

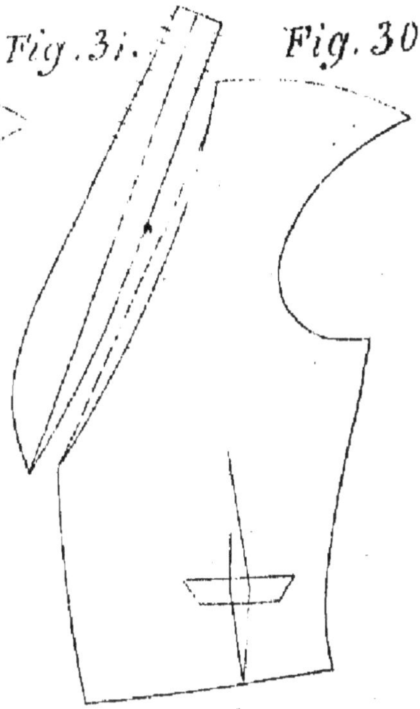

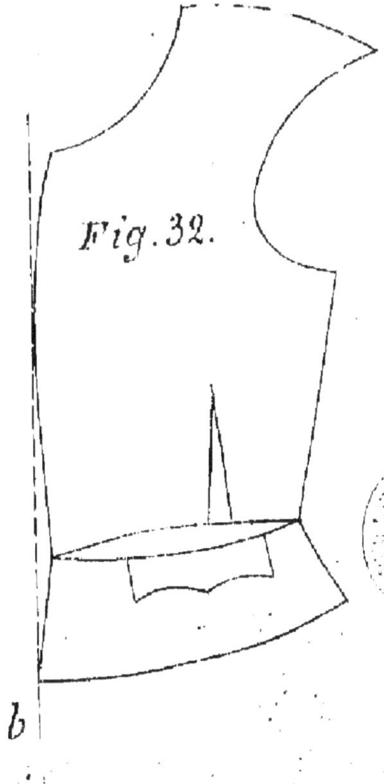

92

130

Fig. 32.

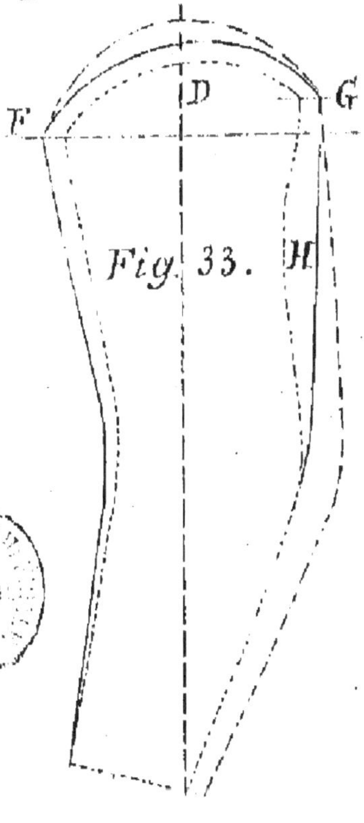

b

D

F

G

Fig. 33.

H

www.ingramcontent.com/pod-product-compliance
Lightning Source LLC
LaVergne TN
LVHW021724170726
843503LV00004B/1395
* 9 7 8 2 3 2 9 7 4 9 8 5 3 *